国家出版基金项目
NATIONAL PUBLICATION FOUNDATION

"十二五"国家重点出版物出版规划项目

走向世界丛书

主编　钟叔河　曾德明　杨云辉

FROM EAST TO WEST

丁鸿臣 东瀛阅操日记

伍成泉　校点

岳麓書社 · 长沙

本册总目□

丛书新序

钟叔河

二〇一三年十月

“走向世界丛书”一百种，只收晚清时期 from east to west（从东方到西方）的记述，这并不等于说，只有十九世纪末二十世纪初的中国人，才需要面对走向世界的问题。

纵观人类历史，走向世界决不是什么地区性和阶段性的活动，而是不断出现在全人类发展进步过程中并与之同步的历史现象。一百万年前，人类开始从非洲进入亚洲和欧洲，一万年前，又从亚洲进入北美洲和大洋洲，就是在不断地走向世界。

从有史以来的文献、文物看，三千多年前的

《奥德赛》和《出埃及记》，说的是古希腊人和以色列人走向世界——走向地中海和巴勒斯坦。两千多年前的《史记》和《汉书》，写了张骞和后来汉朝“益发使”走向世界——曾走到罗马在西亚的边陲。一千三百年前的《大秦景教流行中国碑》、七百年前的《马可·波罗游记》和四百年前的《利玛窦中国札记》，记下了阿罗本、马可·波罗、利玛窦的 from west to east，这和 from east to west 一样，都是在走向世界。

人类曾因地理、种族、制度、意识形态等原因而互相分离，甚至隔绝。夜郎国的君长初见汉使时问：“汉孰与我大?”当是时，夜郎的世界僻处黔西，其“大”可知；连夜郎都未入版图，则汉之“大”亦远不如今之中国。但人为万物之灵，为了求生存谋发展，总不能老守着自己的一亩三分地，总会要想方设法走向世界——走向更广阔的外部世界。于是，汉要“通西南夷”，要前往原来“道险终不能有”的夜郎；夜郎要问“汉孰与我大”，要想改变原来“不知汉广大”的状况。由互相隔绝变而互相接近，互求了解，这就是走向世界。

走向世界，无论是自己走出去还是让别人走

进来（总比让别人杀进来好），无论是主动的还是被动的，从总的历史进程看，用大的历史眼光看，都有利于发展，都是一种进步。对汉朝来说是如此，对夜郎来说亦是如此。两千年前是如此，两千年后亦是如此。上世纪七十年代末开始编辑出版“走向世界丛书”时是如此，如今来继续编辑出版这部丛书时亦是如此。

今天的中国已不再是七十年代的中国，虽然仍称发展中国家，经济总量却早已“超英”，正在“赶美”，但走向世界的路还“漫漫其修远”。时至现代，走向世界当然是要走向现代化的世界，也就是要高度现代化，全盘现代化。“四个现代化”的“四个”——工业、农业、科技和国防，已经“化”出了很大的成绩，而我们的管理现代化，我们的服务现代化，我们的制度现代化……要走的路的确还很长。

现代人走向世界，首先要使自己成为能接受全球文明，有世界知识，有世界眼光，有世界理想的人。“走向世界丛书”杰出的作者，如郭嵩焘、黄遵宪……又如邹代钧、金绍城……他们看到的新技术还是德律风（送话器和最早的手摇电话机）、火轮车（蒸汽机车）……我们如今却已经用上了智能手机、坐上了波音飞机……但在思想层面上，我（不敢称我们）反省自己的世界眼光和世界理想，甚至在世界知识的某些方面，比起一个多世纪以前的郭、黄他们来，差距实在还不小。在这方面，也就是人的现代化这方面，要走的路就更“漫漫其修远”了。

五年前北京奥运会的成功举世公认，它已经成为中国走向世界的一大标志。它的口号：

ONE WORLD，ONE DREAM

“同一个世界，同一个梦想”，这也应该是现代人走向世界的志向和目的，是我们继续编辑出版“走向世界丛书”的志向和目的。

丛书原序□

钟叔河

一九八〇年七月

人们常说，今日之世界，乃是一个“迅速缩小的世界”（rapidly shrinking world）。在电视卫星、激光通信和喷气式客机的时代，地球之上各地之间的距离，确实好像越来越短，人们相互间的接触和交流，也越来越方便和密切了。

可是，仅仅在几代人以前，异国还显得那样的离奇和遥远。古代欧洲人说，中国人用小米和青芦喂一种类似蜘蛛的昆虫，喂到第五年虫肚子胀裂开，就从里面取出丝来（Pausanias《希腊纪事》）。古代中国人则曾经相信，西方有种羊羔是从泥土里生长出来的，脐带还连着大地（《旧唐书·西戎传》、《渊鉴类函·边塞部九》)。这类海外奇谈，今天听起来简直不可思议，而在过去上千年中，却一直被当作可信的资料，记载在欧洲和中国的史书上。由此可见，人类文明的发展，经历了一条何等漫长曲折的道路。

为了探索和开辟外部世界，丰富自己的物质和精神生活，各国人民都作过许多贡献。人类文明史像叙说伟大的发明家和著作家一样，将永远铭记着张骞、玄奘、马可·波罗、哥伦布等不朽的名字。我们甚至可以这样说：一个民族从中世纪到现代的历史，也就是它打开眼界和走向世界的历史。

历史的发展从来是不平衡的。当黄河、长江已经哺育出精美辉煌的古代文化时，泰晤士、莱茵和密西西比河上的居民，还在阴暗的原始森林里徘徊。而自从地理大发现和产业革命以来，中国却相对地落后了。在西方实现资本主义的现代化以后，中国还是一个基本上同外界隔绝的古老国家。是鸦片战争打开了中国的大门，也打开了中国人的眼睛。人们称林则徐和魏源为清代最早“开眼看世界”的人，因为西方的坚船利炮打到中国来时，他们首当其冲，亲身感到这个世界在缩小，距离和壁垒再也不能将异国隔离开了。

过去时代的中国读书人，在“严夷夏之大防”的社会里度过了上千年。封闭的外壳被打破后怎么办？守旧派的办法是把脑袋钻进沙子里学鸵鸟，像慈禧太后的大学士徐桐，见到洋人就以扇遮面。就是这个徐桐，在庚子年间焚香叩请骊山老母下凡来“杀尽洋人”，结果骊山老母没有下凡，他自己的老命却白白送掉了。而林则徐和魏源则不同，提出要“师夷长技以制夷”，主张学习外国的长处，以对付外国的侵略。要学习，先得了解，于是林则徐编了《四洲志》，魏源编了《海国图志》。虽然他们未能亲身出国去考察，书的材料靠间接采辑而来，难免有许多谬误，但无论如何，地里长羊羔之类的神话毕竟不得不逐步让位给常识了。

林、魏之后，中国才开始有读书人走出国门，到欧美日本去学习、访问和工作。容闳、王韬、郭嵩焘、黄遵宪和严复等人，要算是最早的。接着出国的人渐渐多了起来，尽管其中不少是奉派而去的政府官员，但既然去了，就不会不接触近代—现代的科学文化和政治思想，也就不可能不在中国发生影响。

“走向世界丛书”专收一九一一年前国人亲历欧美和日本的记述。自从一八四〇年鸦片战争失败那时起，先进的中国人，经过千辛万苦，向西方国家寻找真理。应该说康有为和在他之前的郭嵩焘、王韬、容闳等人，的确代表了近代中国向西方寻找真理的一派人物。当然，丛书所收的，也并不全属先进的人物的作品；但总而言之这些都是中国人从东方走向西方的实录，自有其文化的意义和历史的价值。

必须指出的是：从鸦片战争到五四运动这一历史时期中，西方国家虽在许多方面比中国先进，值得中国人学习，但国家利己主义的本质，却总是要压迫剥削比他们落后的民族的。中国人走向世界、接触西方，既有一个学习外国长处的问题，又有一个抵抗外国侵略的问题，盲目排外和盲目崇外都是错误的。对于某些作品中不免流露的这类观点，我们将在为各书撰写的叙论中，适当地作些分析，供读者参考。

“洋为中用”是我们今天的主张，也是十九世纪先进的中国人的主张。“师夷长技以制夷”，不就是“洋为中用”吗？当然，随着接触和认识的逐步深入，人们慢慢地看出：仅仅学一点“长技”，搞一点坚船利炮，还是不行的；要救国，只有维新，维新行不通，就只有革命。伟大的革命先行者孙中山，用他自己的话来说，也是在一八七八年出国以后，“始见轮舟之奇、沧海之阔，自是有慕西学之心，穷天地之想”，才树立了推翻清朝建立民国的大志和信心。历史无情亦有情，后人的思想和事业肯定要超越前人，但前人的足迹总可以留作后人借鉴，先行者总是值得纪念的。

今天的世界已不是十九世纪的世界，今天的中国更不是清朝末年的中国。今日之中国，已经逐渐以现代的面貌，出现在世界的东方。但是，世界的进步越来越快，中国的经济和文化等许多方面还需要不断地发展和提高；这就必需继续打开眼界、走向世界。打开眼界以后，还要学会分析，分清好的和坏的。一切好的东西，要拿来为我所用；一切有害的东西，要实行抵制和预防。在这方面，前人的经验和教训，有一些也仍然值得我们注意。

谨将这套丛书奉献给爱好历史和文化、关心中国和世界的读者，希望它能在中国现代化的过程中，起到一点微薄的作用，是为序。

丛书凡例□

一、“走向世界丛书”一九八六年前已刊三十五种，二〇一五年起仍按原定一百种的计划继续刊行，仍然专收现代以前用文言写作的国人考察西方（含开国后的日本）的记述，仍以亲身经历、直接闻见者为限。

二、丛书按作者出国年月排列次序，尽量单行，即以一种为一册；字数过少无法单行者，才以两种或数种合订成册。合订本尽可能以类相从，按第一种出国年月排序；其各种均在封面列出书名，书脊则只列出第一种书名，并在其下注明“等几种”。

三、每种（册）书前，均由编校者撰写导言（叙论），介绍作者有关背景和书中重要内容，酌加评论分析，以供读者参考。

四、丛书均经编校者校订，标点分段，并加边批。边批的内容主要包括三个方面，兹以《随使德国记》为例，举示如下：

1. 标题、提要和说明，如“星使由苏州来”、“普鲁士分一十二省”、“演八十日环游地球的故事”、“如夫人即赛金花”、“‘人工’今皆称工人”。

2. 书中较重要的译名（加括弧注出原文或今译），如“德璀琳（Detring）”、“毕驷马（俾斯麦）”、“布莱门（不来梅）”、“德利风（电话）”。

3. 原文的订正和存疑，如“‘公司船’原无船字”、“‘骁勇’原作‘骑勇’”、“‘薛福成’成字原作辰”、“奥京立斯本应是维也纳”。

五、每种书后，均附人名索引，人名依首字笔画和一丨丿丶乚排列，按年、月、日三节数字查检（正文单页码下均有年、月、日三节数字备查)。如德璀琳之“德”字为十五画,于索引“十五画”内检得其名下首列“13,8,17”,查正文“13,8,17”在P.3下,即可在P.3上找到(光绪十三年八月)十七日“乘肩舆往拜税务司德璀琳”的记载。

六、每种书后,一般附有译名简释(今昔译名对照,必要时并加说明),亦依首字笔画和一丨丿丶乚排列。如“卜兰墩浦Brandenburg,勃兰登堡”,又如“勺勾腊chocolate,巧克力”。

七、人名索引和译名简释的条目,并不限于边批中所举者;边批中所举者,则必皆收入索引和简释。

八、人名索引按年、月、日三节数字查检,其原书不著年、月、日者,则按篇章序号或页码查检。

九、原文因排印(抄写)而出现的明显的文字错误径予改正,不在边批中注出。

十、原文中同一外国地名而作者译法多样，如缪祐孙《俄游汇编》中“彼得堡”就有“比得堡”“彼德堡”等异文，“莫斯科”也是如此。此种情形，无碍阅读，故一仍其旧，不作统一。

十一、原文中之统计数字均一仍其旧。少量表格中之统计数字，为方便读者阅读，改为阿拉伯数字。个别已经失去时效、并无参考价值的资料，则在说明情况后予以删去。

十二、丛书均以简体汉字印行；除总序、凡例外，编校者所作导言（叙论）、边批、索引中涉及的数字均按现行规定采用阿拉伯数字。

叙论：《东瀛阅操日记》之作者及价值□

伍成泉

一

《东瀛阅操日记》还有一个名称：《四川派赴东瀛游历阅操日记》，清丁鸿臣撰。丁鸿臣（1845—1904），字雁廷（一作“雁亭”），湖南长沙人。关于其人生平，《刘申叔先生遗书》之《左盦外集》卷十九《前四川提督丁公墓志铭》有介绍，此外，诸如《清德宗实录》和奎俊、锡良等人之奏折及《（天津）大公报》中，参伍互见，可考见其大略。鸿臣生于官宦家，其曾祖丁国琛当过曹县知县，祖父丁永寿为湖北候补知府，父亲丁九皋为候选道飞虎营统领。鸿臣绍踪先轨，咸丰十年（1860），年十五，即投效楚军，参与镇压太平天国运动，转战太湖、潜山，从克十馀府县。东南底定之后，复随楚军转战山东、陕、甘、新疆等省，叠著功绩，由蓝翎守备衔千总洊擢花翎都司游击副将，赏赐克勇巴图鲁名号。① 四川总督丁宝桢（1876—1886 年在任）知其材，调留川省委统防军。此后，历任川省督臣（指刘秉璋、鹿传霖、李秉衡、裕禄、恭寿、奎俊等）对其皆颇倚重，并经奏署提督、总兵篆务。② 光绪二十六年（1900）义和团运动导致八国联军侵华，川军奉檄入卫京都，总督奎俊（1898—1902 年在任）抽调练军威远后军五营，派提督丁鸿臣统带，兼程北上，以备调遣。丁军由水路顺流东下，行抵湖北宜昌，接奉电传，得知慈禧太后与光绪帝出奔陕西，乃舍舟由陆路，自宜昌、沙市，取道襄樊，晓夜兼驰，与东南各省入卫诸军分道并进，由河南捷径趱程，驰抵山西平阳，于闻喜县跪接车驾，蒙召见，当即奉旨随扈。③ 后闻洋兵将至保定，难保不再图西犯，而晋省防务极关紧要，故丁军复奉敕赴晋扼守韩侯岭一带，受统领威远前军之贵州提督夏毓

① 参见刘师培《左盦外集》卷十九《前四川提督丁公墓志铭》，《刘申叔先生遗书》第 59 册。

② 中国科学院历史研究所第三所工具书组整理《锡良遗稿·奏稿》卷五《请开复丁鸿臣并请恤折》，中华书局 1959 年版，第 435 页；台湾沈云龙主编《近代中国史料丛刊》续辑 101《锡清弼制军奏稿一、二、三、四》，文海出版社 1979 年，第 435 页。

③ 《头品顶戴兼署成都将军四川总督臣奎俊跪奏，为入卫之威远后军著有微劳，遵旨开单请奖，恭折仰祈圣鉴事》，载《（天津）大公报》光绪二十八年（1902）六月二十二日，第 40 号附张《京报录摘》。

秀节制。[①] 直至次年（1901）十一月和局大定，始奉调回川。[②] 因防卫勤劳，丁鸿臣得赏头品顶戴。[③] 同年底，丁鸿臣复统威远后军五营，除夕日冒雪开往松潘，镇压该处少数民族起义。光绪二十八年（1902），川省因灾疫及官吏贪暴导致民变不断，白莲教支派红灯教聚众起义，攻教堂，灭洋人，杀贪官，波及汉州、资阳等共二十馀处，成都戒严，总督奎俊复将丁军星夜调回，丁军驰往镇压，诸处悉平。[④] 御史王乃徵等奏参川省肇乱实由文武官吏种种不法所致，丁鸿臣亦被奏参，经署理总督岑春煊查明，丁并无逗留各节，但认为其屡被参劾，声名自系平常，奏请将其革职。[⑤] 继任川督锡良以丁鸿臣勇略素优，老于戎事，且被参后深知愧奋，亟图立功自赎，乃奏请留川差遣，奉旨允准。光绪三十年（1904）锡良檄委丁鸿臣分统续备右军，驻防雅州府迤边一带。时凤全募勇进扎察木多，令丁鸿臣在打箭炉添练新勇，以为后路更番接应之

---

① 《清实录》第58册《德宗实录七》卷四百七十一《光绪二十六年闰八月下》，中华书局1987年版，第195—196页。

② 《（天津）大公报》光绪二十九年（1903）一月十四日《时事要闻·四川特派员专函》。

③ 《清实录》第58册《德宗实录七》卷五百一《光绪二十八年六月下》，中华书局1987年版，第620页。

④ 《（天津）大公报》光绪二十九年（1903）一月十四日《时事要闻·四川特派员专函》。

⑤ 《锡良遗稿·奏稿》卷五《请开复丁鸿臣并请恤折》，中华书局1959年版，第435页；《（天津）大公报》光绪二十九年（1903）四月二十九日《上谕恭录》。

师，并沿边查看军情运道。丁鸿臣感激驰驱，备极劳瘁，感受暑热瘴气，牵动旧疾，于是年八月病故于普玉龙寨军次，享年六十，身后尤极萧条。锡良接据打箭炉直隶同知刘廷恕等所禀，乃上奏清廷，请求开复丁鸿臣并为其请恤。① 清廷准奏，复丁鸿臣原官，照军营立功后积劳病故例优恤。② 奏折中，锡良曾对丁鸿臣有如此论定："自卒伍洊濯专阃，效力行间者四十馀年，远戍边陲，以死勤事，核其被议之案，亦尚无实在咎戾。"又言其死后，"身后尤极萧条"。而此前《(天津)大公报》曾引四川特派员专函云："署提督丁鸿臣军门在川二十年，军民相安，地方一切情形最熟。""经言官奏参查办矣，而丁交卸提督事务，静以待之。"③ 总体评价尚属不错。其人著述，除《四川派赴东瀛游历阅操日记》外，尚有《游历日本视察兵制学制日记》二卷抄本传世，其内容与前者大同小异，实为前者之初稿；此外，《荣禄存札》中保留有其致荣禄之书札二通，④ 作于光绪二十八年（1902）春、夏，有一定史料价值。

---

① 《锡良遗稿·奏稿》卷五《请开复丁鸿臣并请恤折》，中华书局1959年版，第435页。

② 《清实录》第59册《德宗实录八》卷五百三十七《光绪三十年十一月上》，中华书局1987年版，第144页。

③ 《(天津)大公报》光绪二十九年（1903）一月十四日《时事要闻·四川特派员专函》。

④ 杜春和等编《荣禄存札》，齐鲁书社1986年版，第316—317页。

二

光绪二十五年（1899）春，日本陆军大尉井户川辰三奉命来华，请川省委派官员往观秋季军事大演习，并考察其学制、兵制。四川总督奎俊派文官沈翊清、武官丁鸿臣，随带幕友三人、哨官一人、差弁四人及学生数人①，前往游历阅操，并将其兵制、学制详细考究记载，以广见闻而备采择。丁鸿臣等一行人于该年七月十三日自嘉定束装东下，八月初八日抵沪，二十七日乘日本西京丸前往日本，二十九日抵达日本长崎，九月初八日至东京，除在枥木县观近卫师团之军事演习外，复周历长崎、马关、神户、名古屋、静冈、沼津、东京、西京（京都）、大阪等城市，遍观横须贺造船厂、大阪炮兵工厂、大阪造币局、内阁印刷局，及成城学校、陆军地方幼年学校、中央幼年学校、户山学校、军医学校、骑兵实施学校、士官学校、警察监狱学校等军事院校，和其他学校如理科学校、医科大学、东京大学等，并与近卫步兵第三联队、近卫骑兵大队、中野铁道大队、近卫工兵大队、近卫野战炮兵联队等近距离接触，几度出席该国盛典如天长节阅兵式、菊花

---

① 沈翊清其时尚在福州船政局任船政提调，川督奎俊檄委其作为文官与武官丁鸿臣一道赴日阅操，沈携船政学堂学生六人，与闽省阅操官崔祥奎一行人，于八月二十三日由闽出发，二十五日抵沪，与丁鸿臣等会齐。因沈需为学生治装，滞留上海数日，丁鸿臣等先行，九月初十日会齐于东京。

会、体育漕艇（舢板）竞技会、士官学校毕业典礼等，会见了大批日本军界、政界和商界要人，前后游历七十馀日，于十一月初九日结束考察，离开长崎回国，十一月十一日返沪，光绪二十六年（1900）正月十六日回到成都。其间所历各事，丁鸿臣于日记中均有载录，回蓉后稍加补苴，析分为上下二卷，末附《上四川总督奎乐帅禀》《复日本驻华参赞楢原陈政书》和《东瀛阅操日记跋》，同年三月由候补知县李宏年校刻刊印于成都，题为《四川派赴东瀛游历阅操日记》，简称《东瀛阅操日记》。该书在后人著述中征引频率颇高，如张一文等编著《中国近代军事史研究概览》载："《东瀛阅操日记》（丁鸿臣），1900年刻本，上下卷。是为1899年作者赴日考察海、陆军、兵工、学校的日记，记述了日本师团级攻防演习情况。"① 寻霖、龚笃清所编著之《湘人著述表1》载："丁鸿臣，清长沙人。官四川提督。撰《东瀛阅操日记》二卷，清光绪二十六年（1900）长沙李宏年蓉城刻本。"② 其他如吕顺长著《清末浙江与日本》，③ 徐苏斌《清末四川与日本的交往之研究——留日的铁路留学生、雇佣日本

---

① 张一文等编著《中国近代军事史研究概览》，天津教育出版社1991年版，第160页。

② 寻霖、龚笃清编著《湘人著述表1》（湖湘文库本），岳麓书社2010年版，第6页。

③ 吕顺长著《清末浙江与日本》，上海古籍出版社2001年版，第152—153页。

技术者与成都“辛亥秋保路死事纪念碑”》,[1] 姚婕《清末官员对日本陆军学堂的考察和思考》[2] 等等，亦有提及。

而王宝平先生所主编之《晚清东游日记汇编》之《日本军事考察记》更将该书全书收录其中，其所据版本即清光绪二十六年李宏年蓉城刻本。该《日本军事考察记》汇集了晚清光绪年间日本军事史料六种，包括姚文栋《日本地理兵要》、丁鸿臣《四川派赴东瀛游历阅操日记》、丁鸿臣《游历日本视察兵制学制日记》、沈翊清《东游日记》、钱德培《重游东瀛阅操记》、佚名《赴日观操报告书》等，皆据原刻本或抄本影印出版。每书皆有简明解题，其《四川派赴东瀛游历阅操日记》之解题为：

> 《四川派赴东瀛游历阅操日记》，二卷，丁鸿臣撰，李宏年校，光绪二十六年（1900）暮春蓉城（成都）开雕。题签和内封作“东瀛阅操日记”，此据卷端书名。光绪二十五年(1899)，为观察近卫师团举行的军事大演习，著者一行九人(幕友三人，哨官一人，差弁四人）应邀访问日本。七月十三日从嘉定出发，翌年正月十六日回蓉，历时半载。他们除在枥木观操外，还在东京视察了各种文武学校，参观了西京(京都)、大阪等城市。附录《上四川总督奎乐帅禀》为丁鸿

① 徐苏斌《清末四川与日本的交往之研究——留日的铁路留学生、雇佣日本技术者与成都“辛亥秋保路死事纪念碑”》，载张复合主编《建筑史论文集》第13辑，清华大学出版社2000年版，第46页。

② 姚婕《清末官员对日本陆军学堂的考察和思考》，载《深圳大学学报（人文社会科学版)》2010年第6期。

臣向上提交的此行考察的总结报告;《复日本驻华参赞楢原陈政书》为复函。楢原(井上)陈政曾师从晚清大儒俞樾,时作为日本外交官驻扎中国,义和团运动时,死于京师。①

其丁氏二种实为一书,《游历日本视察兵制学制日记》是抄本,盖为《四川派赴东瀛游历阅操日记》之初稿本,内容稍见简略,文中(九月十四日条)无对日本各种学校的介绍,其末仅载至返沪止:“(十一月)十一日,晴。正午,抵上海。往返凡七十日。日本总领事小田切使人来候。十二日,晴。拜小田切领事,谢其政府优待之意。渠亦属归(蜀代)陈候督宪,致其拳拳之意。”无《上四川总督奎乐帅禀》《复日本驻华参赞楢原陈政书》和《东瀛阅操日记跋》三文。而《四川派赴东瀛游历阅操日记》十月十三日自“而马队之”后至十四日“先乘马至岩舟山麓”前有阙文,刚好可据《游历日本视察兵制学制日记》补正。此次点校即以王宝平先生主编《日本军事考察记》本为据,② 而以同书所收录之《游历日本视察兵制学制日记》作为参校,③ 同时参考了该《日本军事考察记》所收之沈翊清《东游日记》。④ 沈翊清即丁氏日记中

① 王宝平主编《晚清东游日记汇编》2《日本军事考察记》解题,上海古籍出版社2004年版,第1—2页。

② 王宝平主编《晚清东游日记汇编》2《日本军事考察记》,上海古籍出版社2004年版,第309—352页。

③ 王宝平主编《晚清东游日记汇编》2《日本军事考察记》,上海古籍出版社2004年版,第353—384页。

④ 王宝平主编《晚清东游日记汇编》2《日本军事考察记》,上海古籍出版社2004年版,第385—422页。

所说“沈道翊清”“沈丹曾观察”“沈观察”者也。沈翊清（1861—1908），字丹曾，号澄园，福建侯官（今福州市）人，晚清名臣两江总督沈葆桢长孙，清末船政大臣。光绪二十四年（1898）三月，以道员身份发往四川补用，次年奉川督奎俊之命，与丁鸿臣等赴日本阅视兵操，撰《东游日记》，光绪二十六年（1900）刊印于福州，《日本军事考察记》本即据此本影印。该书也收在本丛书之中，由于丁、沈二人同行，所历多同，故所载可相印证。

三

丁鸿臣作为武官，其关注点与沈翊清自然有所不同，故其书虽于学制亦多所涉及，而于军事方面载录尤详，此为其书价值之所在。在上海时，丁氏曾登日高雄、龙田二兵舰参观，其中提及：高雄舰安放曷克勒斯炮二尊，“以攻鱼雷者，初造自英厂，一分钟能发十八子，日人依样造制，精益求精，一分钟能发三十子”。龙田舰安放快利炮四尊，“先造自英人，其火门须一开一合而后出子。日人变其制，拍手则子出，一分钟能发二十馀子，尤为迅速。必知变制，而后可言取法，此日之所以能自强也”。笔者对日人无甚好感，然而该民族确有过人之处，颇令人敬畏。此言其学习西方，而能推陈出新，后来居上，委实不易。

八月三十日参观马关炮台，丁氏介绍：

（马关）乃东京之门户，至险之地也。两山林木稠密，中安无形炮台，凡三十馀处，非外人所能窥测也。当维新之初，日人争欲延西人筑炮台于马关，大臣西乡隆盛独抗议，以假手外人，不足守险。于是遣人至泰西学习建筑炮台之法，归而自筑之，三十年来经营未已，诚日本之险隘，制敌之雄关也。

此亦颇可畏者。西乡隆盛是明治维新重要干将，为著名政治家，曾与木户孝允、大久保利通并称为“维新三杰”，其人识量之非凡，于马关炮台一事可见其一斑。

九月十六日由参观户山学校，而兼及日本兵制：

日本近时兵制之良，实根柢于户山。然现在时局，诸雄并立，日益求精，变本加厉，故又广派武员，随公使驻札各国，专察目前兵制，有所改作，立图其新式新法，以报于陆军省。省以令于教育总监，监以令于户山。乃令全国师团，更番分派武官来学，就其新法而研究之，其果善者，则酌本邦之兵制而变通之，不拘泥不全法也。或半年，或一年学成，归营以教其部曲。故万国之新法虽日变而月异，国家无不知之，亦无不变而通之，师其利而祛其弊，故能造其极，而不受其侮。

丁氏行伍出身，文墨非其所长，而观其《东瀛阅操日记》之叙事，如前述之马关炮台，此处之日本兵制等，皆甚有理致，较之沈翊清《东游日记》毫不逊色，甚为难得。此言日本通过向各国派驻武弁（侦伺各国新法）→部队派员齐集军事院校（学习、研究新法）→学员回到部队（推广新法），使国家兵制始终处于动态更新状态，故能与时俱进，不致因僵化而落伍。其他如骑兵实施学校、炮兵工厂等，其宗旨皆与户山学校相类，皆立法甚善，即便是今天仍不失其借鉴价值。日本作为岛国，地狭人稠，资源匮乏，且多地震，生存条件较为艰难，其忧患意识本强，而近世以来目睹中国所受之侵凌，更激起其莫大危机感，居安思危，故凡事认真对待，覃思研精，而臻于极致，非人所及。书中有言："目前地球，德医至精，次则推日本耳。"亦可为证。

另外，其寓兵于学亦颇值得借鉴。书中记载，明治维新之后，日本之兵皆征之于学校，其兵源皆来自普通各学校之生徒，而各学校平素即教以体操和兵操。丁氏初入日本时，于长崎诹访公园见小学生习练体操，"进退秩然，……皆有杀敌致果之意"。由于自幼及壮，皆习于兵，服习有素，故日人罕有昧于兵者。日人有言："东京之人务官，西京之人务文学、工艺，大阪、横滨通商之口务商，而一国皆知务于兵。""一国皆知务于兵"，日本自强之道实肇基于此。又创办体育会竞漕（舢板竞赛），以推动海军建设：

> 其初立会之旨，盖以日本滨海，而学校仅操习步兵，是专力于陆，而忽于水，将何以为国？且欧美诸国，各以兵舰竞于太平洋，而东方诸国不与焉。有日高藤吉郎者，奋然兴起，纠合同志，创为斯会，集学校之人，修驶驾之术，务求国人皆习于海。会既立，日皇嘉之，助以二万金，通国官商士绅又从而乐输之，资用既充，遂为海军自强之本。

其自强不息如此，故虽崛起不过短短数十年时间，而能捋俄、美之虎须，与此等老牌资本主义国家角力争雄，至于腐朽之大清王朝，则视同蔑如也。此等情形，作为一省之军事首脑（清提督约相当于今省军区司令），丁鸿臣自然是了然于胸。九月二十四日参观横须贺造船厂，登富士、浅间二舰，丁氏就说：

> 日本于德军〔陆军〕，已可自信其扩张之日进；至于海军，则犹兢兢焉，惟恐其不及。既有富士兵舰，顷又在于德厂定造容万五千吨炮舰一具，彼有集太平洋之全力，而犹扩张海军，汲汲如此，吾华岂可处故安常而不思所以自立哉！

此次日人对丁氏一行甚是礼遇，接待规格很高，军政要人与丁氏等频繁晤谈，而且款曲周至，在丁氏日记中，诸如"意极殷勤""其言恳切若此""言极恳挚""言至亲切""极优款之谊""意至谦笃""询督宪起居甚挚""甚挚""意可感也""温恭和蔼，垂询甚殷""情真意挚"等字眼不时出现于字里行间，颇有受宠若惊之感。以下数则材料，足可证明日人为接待丁氏一行煞费苦心：

> 九月初四日，至静冈县，止大东馆。初五日巳刻，参谋总长大山岩来电致意，又谕旅中启日皇驻跸之室相款。乃五年前，日皇幸广岛驻跸斯馆，其室遂扃，今日合两国之邦交，优大臣之遣使，特启相款。良用不安，坚辞不可，复电申谢。
>
> 九月二十七日，夜，大山参谋总长召饮，述其倾仰乐帅及王爵帅之意，甚挚。此行，井大尉介绍之辛苦，参谋部接待之优异，皆倾慕乐帅之心，推爱及乌，并望与四川同心合力，以图自强，意可感也。
>
> 十月二十九日，辞行，宴请日本诸大臣，宾主酬酢极欢。此行，日廷及政府邦人士之相待至为款洽，皆中东同心之切，

> 而又倾慕督宪之久，乃克臻此。
>
> 十一月初一日离开东京。日众官送行，耿耿于中。此行，东邦士夫相遇极厚，即参谋部预备一切费用，亦且千元，不知何以报贶也。
>
> 十一月初一日，夜。火车发，井大尉与中岛裁之必欲伴送至神户，辞之，不可。
>
> 十一月初四、五日，参观大阪炮兵工厂和造币局。炮工、造币，皆秘密之地，先由参谋部、外务省电话照会，导鸿臣等往观，意至周密。
>
> 十一月初六日，至神户，井大尉置酒为别，情真意挚，桃花潭水不及其深，此行照料鸿臣等之周备，辛苦匪言可罄，惟有一言心感而已。

日人为何对丁氏一行如此礼遇，如此殷勤？难道真如他们所说，是因为倾仰奎乐帅（川督奎俊，字乐峰）之故？有道是“无利不起早”，事情当然不会如此简单。实际上，其真实意图是，自光绪二十四年（1898）德国强租胶州湾，列强竞相在中国强占租借地，划分势力范围，日人已据闽省，然意犹未尽，环视中国四境，其时列强尚未染指者，唯川省等少数省份而已，故以阅操为名，邀请川省官员赴日考察，对他们大加礼遇以结其心，导观先进兵制学制以动其容，贩卖俄国威胁论以耸其听，撺掇他们向奎俊建言，延聘日本教习练兵御侮，以实现其向川省渗透之目的。故十月十六日载：“接奉督宪咸电，教习缓聘。当即婉达参谋本部。而数日阅操旅费，鸿臣与沈丹曾观察二人皆参谋部预备，却之不可，至为不安。”据此可知，丁氏此前或已向奎俊有过提议，或者说川省原有延聘日本教习之打算，然尚在犹豫，故委派丁氏实地考察以落实之。俗话说，“拿人家的手软，吃人家的嘴软”，日人为丁氏一行花费不少，故丁氏接奉“教习缓聘”之指令，颇感不安。又十月二十一日青木外务大臣与丁氏晤谈，“述钦慕督宪之意，且云：将派明白之员，常驻四川，以备谘询”。其意旨亦同。

但丁鸿臣尚非庸懦之辈，能明辨深思。故在十一月初十日回程中，丁氏写道：

> （前略）（日本）陆军盛矣。海军不及英国六分之一，然其全力可注太平洋。言东方之局，日本兢兢联中国以免其危，此其逊下之词，实则日本今日之强，可以独立于东方。又采其朝野之论，日之恨俄张威于中国，而侮东方，妇人孺子皆思与之一角。二三年内，日俄之战祸万不可免，其所以汲汲劝中国练兵自强者，盖以唇亡齿寒，理所必然，势所必至也。

丁氏能认识到日本政要所言多逊下之词，知道以日本今日之强，完全可以独立于东方，不必借重于大清，说明其脑袋尚属清醒；但所谓“唇亡齿寒”云云，则其自视仍然过高，而且对日俄本是一丘之貉，对日本侵略中国之本质，仍缺乏深刻认识，日人岂真“恨俄张威于中国”？不过恨俄人独霸中国之东北，妨害其自身利益而已。日人岂衷心希望中国转弱为强？所谓“汲汲劝中国练兵自强”者，不过欲借此向川省渗透而已。但丁氏能预见到，“二三年内，日俄之战祸万不可免”，亦属难能，说明其作为一省之军事首脑，确非泛泛，其嗅觉之敏锐，颇值得称道。我们知道，四年之后，即光绪二十九年农历腊月二十三日（1904 年 2 月 8 日）日俄之间即正式爆发大战，说明丁氏之说确有预见性。然则面对危局，大清将何以应对，川省将何以自处？据书末所附《上四川总督奎乐帅禀》，丁氏认为，其出路仍在练兵自强，他说：

> 中国诚能以三年之力练兵，日俄战起，吾兵果强，则助日可，助俄亦可，即中立而守局外之约，亦无不可。否则，无论日俄之孰胜孰负，其先必以中国为战场，其后必以中国为鱼肉，此事之所当预虑也。不特此也，日既不能以独立御俄，则未战之先，不能不筹一回旋之地，以为自固之谋，□□□□，殷鉴不远。此事之尤当预虑也。逆料其事，不出三年。所谓可畏者，此也。

此段文字颇为精彩，丁氏能在光绪二十六年（1900）作出此等预测，能有如此眼光，颇叫人佩服。后来事态之发展，我们都已经知道，大清王朝已经彻底腐朽，无药可救，所谓三年内转弱为强不过是一句空话，光绪二十九年农历腊月二十三日（1904 年 2 月 8 日）日俄战争爆发，清朝政府被迫宣布中立，中国东北成为日俄双方陆上交锋之战场，使当地人民蒙受极大灾难。一年半后，俄国战败，日本取代俄国宰割中国东北。战争爆发后，日本强迫朝鲜大韩帝国政府先后与之签订《日韩议定书》《日韩新协约》，将朝鲜拉进日本阵营，此即丁氏所说“回旋之地”也，一切皆如丁氏所言。

丁鸿臣东瀛阅操日记□

光绪二十五年（1899）

八月二十七日　自上海前往日本

八月二十九日　抵达日本长崎

九月初八日　抵达日本东京

十一月初九日　离开日本长崎

十一月十一日　抵达上海

□据清光绪庚子（1900）年李宏年校刊之蓉城刻本整理

□伍成泉校点

丁鸿臣东瀛阅操日记

目录

25,7,13

东瀛阅操日记上卷

光绪二十五年春，日本陆军大尉井户川辰三，衔本国政府之命，请派四川文武各一员，并选择学生往游其国，详考学制、兵制，以开风气。五月，由总理衙门咨会到川，经四川总督部堂奎，以日本所设学校、练兵诸法，多仿自泰西，既经其国派员来川，一再陈请，未便却其敦睦之意。惟川省学生骤难其选，于七月内饬派鸿臣，会同沈道翊清，前往游历阅操，并将其兵制、学制详细考究记载回川，以广见闻而备采择。鸿臣遵于七月十三日自嘉定束装东下，随带幕友三人，哨官一人，差弁四名。 访日缘由

十九日，晴。抵渝城，晤井户川大尉，并拜代理领事堺与三吉、警部中村善次郎、游历官成田安辉三人。

二十日，晴。井户川召饮，同席夏莪轩观察及领事诸君。

二十一日，晴。发渝，领事诸人皆送于十五里之大

佛寺。

二十八日，雨。抵宜昌。

二十九日，阴。附昌和轮船，发宜昌。

八月初一日，晴。抵汉口，拜日本代理领事古谷滐一，谭及其国天龙轮船，初五方能抵汉。

初三日，阴。古谷领事召饮。

东肥洋行

初四日，阴。宴古谷领事及东肥洋行橘三郎、井户川诸人于一品香。张虎臣参戎来谭，系上年奉张芗帅派赴日本游历者，谭东事甚悉。

初六日，阴。附日本公司天龙轮船，发汉口，领事及东肥洋行诸人俱送于舟。公司特派一人送赴上海，照料甚至。

初八日，晴。抵上海，悉沈丹曾观察未至。

初九日，晴。拜日本代理总领事松村贞雄。据云：正领事小田切万寿之助，前偕钦派刘、庆二使归国，已数月矣。是日，以抵沪日期电陈王爵堂方伯转禀督院。

初十日，晴。拜上海道曾经郛观察，与井大尉商量一切。夜，松村贞雄召饮。同座陶菊龄观察，系上年奉刘岘帅派往日本阅操者。又晤大尉小山秋作，乃参谋本部派来南京，谒岘帅商榷兵事之员。

十二日，晴。井大尉来，约明日往视日本高雄、龙田二兵舰。

十三日，阴雨。辰刻，井大尉偕南洋公学译书官大尉稻村新六，及正金银行翻译成田练之助来寓，同至法码头。

25,8,13

参观高雄舰龙田舰

兵舰已备小轮来迓，先至高雄，后至龙田。高曳国旗，领队官口作小哨前引，兵士捧枪鹄立，士官佩剑，白服而列。舰长迓于船首，送如之。皆具酒果为礼。复于高雄舰照列队小像，意极殷勤。高雄舰长酒井正利伯爵，船在日本为三等兵轮，明治二十四年造自英国，今为旧式。长旧尺二十二丈，宽三丈，深三丈有奇。配兵二百八十有奇。一小时行十四迈，盖甚迟者。船凡三层，上层安放克虏伯大炮五尊，英造，旧式。フルテンヘハト小炮六尊，为发冷赫鲁朵五字，即克虏伯。曷克勒司炮二尊，以攻鱼雷者，初造自英厂，一分钟能发十八子。日人依样造制，精益求精，一分钟能发三十子。皆安放船之前后左右。中层水雷四尊，船头山内炮二尊，此日本海军官山内某所造，即以其名名之，皆用以攻鱼雷者。远可及四五里，一分钟能发三四十子。夜发，则用电火测准开放。凡置炮十九尊。后有号令台，宽约二席，四面铁壁，壁凿小孔。战时，舰长及士官居其中，以觇敌船进退，而以德律风发号令。兵自外听令，复树木曳字为信号，以备战时两舰通报之用。舰长、士官、兵卒及一切当用军械，皆安置下层。如一二层破裂，则于下层取其储而再战，立法至密。有吸水器，有救火器，有日记室，有晴雨寒暑及游历见闻，四小时一记，而归报于国。有藏图室，藏中国与日本诸内港之图于中，兵以时览之。兵睡，以悬布为床。每兵一食案，案下有椟，纳衣被之物于中。有定式，不整则罚。凡海军兵，必学陆军操，以备陆路应敌之用。纪律之严，与陆军同。

高雄舰

龙田舰长大久保喜造，官海军中佐，船小于高雄而式

龙田舰

新，亦造自英厂。长二十六丈，宽、深率一丈三尺，一小时行二十一迈，以其速，故曰跑船。船多鱼雷，盖鱼雷炮舰也。上下三层，上层安放新制克虏伯炮三尊，造于日本大阪炮厂，一分钟能发十三子，远及二十馀里，用电气发，最为灵捷，盖日人所新造者。快利炮四尊，先造自英人，其火门须一开一合而后出子。日人变其制，拍手则子出，一分钟能发二十馀子，尤为迅速。必知变制，而后可言取法，此日之所以能自强也。鱼雷五，水雷二，皆置中层，逐一演习，无不适用。演时，兵皆奋发，若临大敌。兵器之良，亦教练之效也。其他较高雄尤坚实，铁门多其半，号令台铁壁厚其半，虽巨弹不易裂。日本近造巨舰，有可容万吨者。其船身多购自泰西，而以己意改配，以本国铁价过昂故耳。万国通例，炮台、兵舰皆秘密，外人不得观。今殷勤导引，示其用法，凡以表明两国协和之意也。

必知变制后言取法

高雄常赴汉口，龙田常赴厦门，以练习中国长江内港风涛沙线，且以侦国情、壮声威，用意深矣。

十四日，雨。得沈观察来电，尚未知鸿臣抵沪之日，因复电速之。是日，江苏巡抚鹿滋帅航海到沪，询川事甚详。

十六日，晴。李维之观察约览纺纱织布各局，又至造纸局，皆借汽机之力，至为便利。四川产纸甚富，若能就地立厂，以汽力制造，利必十百沪厂也。午后，新任成都绰军宪抵沪，同寓。因肃谒，承询蜀状甚详。

十七日，晴。至日本领事馆一谭。

参观瀛华洋行

十八日，晴。同井大尉至瀛华洋行，乃日商所开，凡日本近今所造精粗之物胥备，而价值甚昂。近日东西各国

25,8,18

工艺日精，而成本过重，输入中国，不能不昂值以发售，而实不便中国普通之俗。中国诚能以自产之物，兴工艺以讲制造，专精美而别贵贱，则外品之输入者，不禁而自绝矣。然彼亦知此中利弊，而日求廉价之术，中国若不亟图振兴商务，而又假以内地制造之权，殊可深虑也。

十九日，晴。沈观察来电，以许筠帅遣派学生出洋之事遽难成行，因商井大尉，以电复而速之。

二十一日，晴。以沈观察来函，电禀督宪。随与井大尉同至顺泰洋行，主人吉田顺藏业煤，有矿在门司，云已函致厂中，属到门司上陆一视。

二十三日，阴。井大尉召饮东和洋行。

二十四日，晴。送绰军宪于招商码头。

二十五日，晴。井大尉为购定日本邮船株式会社船票。

二十六日，晴。大东公司白岩龙平，同文会井手三郎公，宴于蓬莱春。午后，沈观察随带学生，及福建派往日本阅操之官，皆至。观察以学生上海治装尚需数日，不能同行，因与井大尉约定先行，而待于东京。

二十七日，晴。辰刻，登日本西京丸。巳刻，展轮，领事松村贞雄及稻村、成田、吉田、白岩、井手诸人皆来送，船远而后去。日本邮船会社航于上海者三，神户丸、山城丸及此船也。容四千吨，长三十六丈，亦蒙铁皮。平时通商，战时以助军舰。公司之力不足，国亦助之也。出吴淞口，东南行，时折而东北。夜，风烈。 从沪出发

抵长崎

二十八日，晴。风大小时变。傍晚，瞥见一山，询之，为朝鲜之竹岛。夜，寅刻，抵长崎，待检查，泊口外。

初见日本观感

小学生徒持枪列队

二十九日，晴。质明，检查者来，先诊者检疫，次警察检违例禁物，次海关检行李。然后泊口内，以小轮登陆。长崎四周皆山，停泊之埠只可通商，非险要地也。初入日境，就其风土人情之可见，则无乞丐、无争斗、无吸鸦片者。其民皆有执业，不敢逞忿以干禁，故能健体以勤业。即此数端，可以考其国本之强。至其民之服役甚劳，居处甚卑，则国小而瘠使然也。有诹访公园，盖为国人公游之地，有与民偕乐之意。凡大区，皆有之，园林荟蔚，屋宇修洁。于时小学校生徒方习体操于公园，三十许人，皆持枪列队，作向敌状，进退秩然，一惟教习之令是听。小者十岁，大不过十二三岁，人人皆有杀敌致果之意。日本自维新以来，小学即教以兵操，故国人鲜有昧于兵者，自强之道基诸此矣。华人商长崎者可千人，置领事。自八月以后，日本颁田地杂居之令，中国领事具文而已。闻小田切领事自东京来，止长崎，拜之相左，而见三菱公司松尾长太郎、邮船会社细川原太郎。午后四时，展轮。步兵大佐田村怡喜造，由参谋本部派往西伯利亚游历，顷归长崎，附西京丸还东京，相见谭俄事。其言曰：西伯利亚铁路三年成矣，不及此三年以兴东方之事，路成之日，恐即黄种凋谢之日矣。日本今日非不能自守，然实赖中国为车之辅。夫中国强，非日之利；然中危，则日亦危。日本不

25,8,29

计己之不利，而欲倾国之力以助中国者，实迫于目前之危也。虽然言兴国之道，海陆军、学堂皆不可缓，而中国海口大半已失，学校之效又在十年八年之后，二者暂且可缓。陆军为立国之大本，救急之捷方，不可不倾国之力以练之。中国之兵，身健而耐苦，练之三年，无不可用。兵可用，则国威可张，外侮不亟，内治乃可徐理也。夫中国开化于七千年之前，欧洲开化于二百年之间而已，欲驾中国而前者，欧洲以不进化为耻，中国以进化为足，耻者教之，足者听之。欧人愚而薄，中人颖而笃，然而主奴之义反焉者，则教之、听之使然也。二百年来，欧洲卫生、教育之学日精，人生日繁，而地小，无以容，于是求殖民之地于外。先据美洲，其人不服而自立。又据非洲，其人易服，然地土瘠硗。于是垂涎于东方，而择其易服而壤沃者，莫如中国。此骈趋并骛之所来也。今日世界之两大，英也，俄也。俄专于中，人皆知之。英顷者犹不忘非洲之事，竭其力以营之，不三年则非洲定，定则可专注于中矣。俄之路成，英之力专，其时中国虽欲自强，日人虽欲助中国之强，无可及矣。田村大佐为参谋部干员，又亲游俄而忧中国，故其言恳切若此。 与田村怡喜造晤谈

三十日，晴。卯初，抵马关，与门司对峙，犹武汉也。入口处甚隘，既入口，山势大展，左右环抱，作深规形。五六里一小口，约束而出，乃东京之门户，至险之地也。两山林木稠密，中安无形炮台，凡三十馀处，非外人所能窥测也。当维新之初，日人争欲延西人筑炮台于马 抵马关 无形炮台三十馀处

关，大臣西乡隆盛独抗议，以假手外人，不足守险。于是遣人至泰西学习建筑炮台之法，归而自筑之，三十年来经营未已，诚日本之险隘，制敌之雄关也。停十时，申正，展轮东行，则内港长江矣。吉田顺藏之弟千住喜作约视矿厂，时迫，不果。日本煤山多在九州，马关为九州之域，故产煤亦富。采掘俱用新法，而分三类：一官采，一合资，一独办，皆统于农商务省。合资与独办，皆先相定有矿之地，而请于官，官检查无碍，则许之，税其矿而保护之。每矿，官立一警察署，以护主人之虐待及工人之纵恣，立法颇善。

抵神户

九月初一日，阴雨。卯初，抵神户，检查如长崎而后入口。以小轮登陆，止西村旅馆。神户滨于海，亦通商之地。华人旅者千馀，置领事，贸易大于长崎。

谒楠公墓

初二日，午霁。游诹访公园，登西山以望，尽神户之半。又谒楠公墓。日本南北分立之际，楠公为国尽瘁以殁。明之末季，舜水朱之瑜到日本，题其墓曰“於戏忠臣楠子之墓”，日人至者，皆免冠致敬。

至名古屋

初三日，晴。午正，上火车，经大阪、西京、琵琶湖，戌初至名古屋，止志那忠旅馆。途中风景，颇若蜀中气候，晚稻之未刈者，与枫林相掩映。时行山穴中，长者可一里。大抵铁路工程，以穿山架桥为最费，日本铁路狭于中国四之一，而修造一里之费，几减于中国之半。中国挑土填路，既费工力，又费时日，阔而无益，则不如节费以多造此，亦日本新法之可采也。

25,9,4

初四日，晴。游名古屋市，观其古城最著者，以金为级。日本古亦连城巩固，维新以后悉平毁之。今日民居皆用木栅，不用高墙峻壁，亦不闻民之苦盗，大有比户可封之治。又至第三师团联队屯驻所，当日曜，日曜即西人礼拜日，东瀛呼为日曜。辍操演，兵皆游偃于外。日本营制，非日曜日不得离营一步。营门一卒，负枪庄立，若待敌者，一时一易，更番休息。营四周，杂置松柳、蒺藜之属。兵室皆用西式，广楼精洁，群居无哗。市中有电气车、马车，亦范以铁轨。午正，登火车发轫，经三川：曰天龙，曰大井，曰安倍。大井之桥，可三里，巨工也。酉初，至静冈县，止大东馆。

参观名古屋

静冈观感

初五日，晴。自静冈至沼津，铁路毁于水，修缮需时，鸿臣未到之前五六日，大雷雨以风，海啸于东海道而铁道毁，风暴于北海道而汽车覆，死伤相藉，举国惶骇。日本灾异迭见，凡地震、飓风、火灾、海啸，无岁无之。巳刻，参谋总长大山岩来电致意，又谕旅中启日皇驻跸之室相款。乃五年前，日皇幸广岛驻跸斯馆，其室遂扃，今日合两国之邦交，优大臣之遣使，特启相款。良用不安，坚辞不可，复电申谢。夜，偕井大尉游览市中，商业繁盛之衢，而无往来喧豗之象，足见其整齐而游民少也。

初六日，晴。滞静冈。日本皇太子现出巡东海道，前夜止于静冈。太子年二十二岁，少学军事，至是始积资劳为少佐。日本亲王之官佐尉者甚多，苟不当位，不以天潢越升也。太子之出巡，则为历练内国形势，且将周历海

太子出巡

口，以习海军之事。储为国本，故督之如此其严。

初七日，晴。沼津铁路线断，难以遽通，乃定迁海而行。巳正，火车发轫，行五十里，至江尻，步行八九里，至清水湾，以帆船渡海。适值风暴，洪涛巨浪，簸荡空中，舟小，不能压浪，几濒于危。历五时，行百里，抵沼津，泊港口。登人力车，行十里，至市中，止杉木旅馆。值东京士官学校生徒为野外演习于沼津，同寓其教官松浦大尉来谭。士官学校之例，岁必遣诸生分察内地山川、形势险要，研究攻守之术。止沼津者，凡三十人，皆昕出而夕还。出则负革袋，佩剑，如行军之式，并操纸笔以绘画。一月乃反，教官日日从之跋涉也。

海行至沼津

初八日，雨。巳正，火车发轫，经御殿场小山，穿山穴甚多，为东海道铁道最巨工程。横滨、神奈川县，申初至东京新桥下车。参谋总长遣大佐福岛安正、中佐柴五郎、翻译官木吉保马，外务大臣遣译官小林光太郎，皆迎候车前，致其总长大臣之意；并云，已代订木挽町厚生旅馆，即去年两湖南洋派员寓所，馆中有电话，往来市中传语甚便。东京至明治三年创行德律风，至于今日，凡官署、商店、旅馆、士大夫家，往往而有。又于通衢广立电话分局，以备行路传语之用。无电话所，则用邮便，每纸一分五厘，露书其事，纳于邮筒，邮局按时收取，传递市中，移时辄达。东京之大，拟于北京，有此二者，乃无室远之叹。其馀府县镇市之稍大者，皆有电话，而邮便则达于村落者也。

初达东京

镇市稍大皆有电话

25,9,9

初九日，晴。李牧斋星使盛铎遣翻译冯国勋来候，约以沈观察到日，同谒参谋部。又遣翻译松本菊熊来常川，住于馆中，以备琐屑之用，意甚周挚。

初十日，晴。文部大臣桦山资纪，电话约往晤谭，答以翌日。巳刻，沈观察至，同谒李牧斋星使，留谭最久，饭而后去。此次福建派遣留学生八人，又派阅操官崔牧祥奎，随带哨弁四人。又闻湖北已派钱念劬太守，带来学生七十八人，兼入文武工艺诸学堂，不日可到。夜，发电禀报到东日期。

与福岛安正晤谈

十一日，雨。参谋本部大佐福岛安正来谭。君尝独骑游西伯利亚，绕地球一周，二年而后反，于欧美大势与俄之相待中国，言之颇详。大意谓，俄之发也，甚急甚烈，日本急望中国练兵救急，通力合作以求抵制之道，勿待路成祸发，不可救药，中国勿以弱而自馁也。三十年前之日本，犹今日之中国；知今日之日本，则知他日之中国，必能奋威于东方也。若其不图，强者可弱，弱者可亡。日本以中国之强为强，故西望扶持之心不能自已。言极恳挚。使署参赞黎觉人来谭。

十二日，阴。与井大尉同往拜参谋本部、外务省。是日有要政，国议大臣皆入朝。仅见参谋部长大佐大生定孝、福岛安正、中佐柴五郎，外务省政务局长内田广吉，馀皆投刺而已，归。而前文部大臣榎本武阳电话约谭，井大尉答以翌日。川岛浪速来谭。

十三日，晴。宫岛大八来谭，以汉文汉语名于日本者也。午，拜参谋次长中将大迫尚敏、大佐大生定孝，大迫中将意尤勤恳。驻日大臣李牧斋星使、湖北委员陈昌基、陆军少佐齐藤为三郎，均来答拜。

游上野公园

午后，末吉君约游上野公园，东京最著公园。周匝数里，林木阴翳，春时樱花盛开，游者尤众。中立博物院，重楼广厦，举古今中外常用之物，与夫羽毛鳞介之标本、生人之骨植，无不具备。其法创于泰西，所以考察风俗文质之变迁，以验天产人工之进退，而激观者之机力，凡以启发民智，不徒供游观已也。是日为吉田松阴死难之日，特遣大臣致祭，邦人趋拜亦多。当幕府擅权、外夷纵恣之际，松阴独与二三同志倡为尊王攘夷之说，而欲私附美舰出洋，幕府侦之，捕置重典。然一时学者感动其事，纷然争学于外。伊藤博文、山县有朋、品川弥次郎，皆维新元勋，而皆松阴之门人也。维新事定，朝廷察其孤忠，追赠褒恤，岁以殁日遣官致祭。

十四日，晴。参谋总长侯爵大山岩、次长中将大迫尚敏、大佐大生定孝、少佐石井中利、外务大臣子爵青木周藏、政务局长内田广吉、外一等官书记官楢原陈政，均来答拜。

按日本学校兵制，均有专书。自海军学校外，约分三大段：曰普通各学校，曰陆军各学校，曰专门大学校。今将规制大要节录于左，以清眉目，馀详后。

普通各学校

为生人之始基，开各学之门径，无地不设，无人不

25,9,14

学，故名普通。内分五小学校。

一寻常小学校

通国约二万数千区，无论官民子女，皆令入学。其功课为本国文字、伦理、地图、算数、历史、植动名物，取其浅近易入手者教之，四年毕业，方入高等小学校。 普通学校五小学校

一高等小学校

即设于寻常学校中。功课如前，稍为加增，如西文、画图、音乐、体操、兵操，各学四年，能毕业者，方入寻常中学校。

一寻常中学校

凡二百馀区，功课如前而较深，加汉文、西文、外国历史、舆地、理数、名物各学，化学、地质、动植各学，均属焉。在学五年，号为小成。自此以往，或进而入专门学校，或擢而入陆军学校。

一寻常师范学校

为通国小学校根本，各小学之师咸取资焉。功课如前而益加精。目下各小学待师甚急，尚拟推广其制。

一高等师范学校

为寻常中学校、寻常师范学校根本，故二校之师咸取资焉。

按普通各学校及专门学校，皆隶于文部省，所用书籍非经该省勘定，师不授而徒不学焉。凡此学之师，非由前师范两学校考取得凭者，不得充选。书同文，行同伦，毋异趣，毋歧途也。即从此入陆军、专门两学，其志趣、学

术无入主出奴之患，是己非人之心，蒙养之法可云善矣。

陆军各学校

取高等小学校、寻常中学校毕业诸生充选。约分四种：曰预备学校，曰补充学校，曰研究学校，曰高资学校。

一成城学校

以寻常中学校毕业之人，即径考士官，骤入陆军，终难适用。乃设此学，为士官储材之地，故名预科。由地方私立，而以武官中之大将或中将主之。功课大率如中学校加严，而体操、兵操特重。在学五年，入高等，又一年，而考入陆军学校。不愿者，听入专门各学。

一地方幼年学校

陆军学校各级军校

亦士官预科，以成城非官立，恐难画一，故官别立此学，以储士官之材。凡六所，功课如前，特详体、兵两操，其兵操作中队操法。在学六年，入中央幼年学校。

一中央幼年学校

亦士官预科，功课如前，而兵操作大队操法。在学二年，毕业后，先入兵营，继乃得入士官学校。以上三学，皆陆军之预备学校。

一士官学校

为武官出身之地。日本武官，凡分三等：曰将官，大将、中将、少将，如中国之提镇。曰佐官，仍分大、中、少，如副参、游。曰尉官。亦分大、中、少尉，如都守。尉官，亦名士官，得之者如中国之成进士，由中央幼年学校，兼取成城学校，及中学校毕业优等者入焉。自中央幼年入者先，入兵营学习，只需半年，即入此学。自成城入者，入兵营学习须及一年，方得入此学。均名士官候补生。自入小学，以迄中央幼年学校，毕业以后，至此已十三四年，学业根柢已厚，陆军已足备用，惟专心兵学，约及一年半，复入兵营一年，曰现习士官，选其果堪任用者，方补陆军士官实任，故曰补充学校。

士官学校

一户山学校

此为既作士官以后，研究新学之地，故名研究学校，事详于后。

一炮工学校

专为炮、工、马三队士官研求马术之地，而以马医学附之。以上三种，均为陆军研究学校。

一陆军大学校

此学专隶参谋本部，内则如中国之军机处，外则如各行省之营务处。专为储备将帅及参谋之地。每岁于通国军镇中士官，择其尤者五十人入学，教以各国山川扼塞、军势强弱、人情向背，纤巨皆知；与夫自己临敌因应之宜、水陆师旅工程各队策应之法，知己知彼，确有把握。故其学以兵略为主，兼及外交，旁及历史、算术、营垒、粮台诸事。三年考其权略，过人者以备参谋官及将帅之选，是为兵学之大成。此种为陆军中之高资学校。

陆军大学兵略为主

一经理学校

经管钱粮诸事。盖日本陆军省有监督部，而各军镇中亦有监督部，与参谋部如左右手。参谋专司军机指麾，监督专司粮饷出纳，凡购备转输、工程建造，皆其所司，故名经理学校。考取各军镇中之士官及下士官入学，毕业后，士官高资者，出为陆军省或各军镇之监督长；下士官之卑者，出为监督官，军中百役皆属焉。

一军医学校

各师团联队皆有军医，设病房以养轻病，病院以养重病。通国凡适中之地，皆有陆军大病院，有事则疗军中百疫，并战士之受弹子伤者。故设此学，择取寻常医科学校毕业医生入学。其各军中原设军医，仍必轮流调取来学，俾知新法，实近日行军要事。

一兽医学校

即附于乘马学校中，专考求马病及豢养、刍牧、蹄铁诸事。

陆军学校培植武官

以上陆军各学校，为培植武官之地，除大学校隶于参谋部外，馀皆隶陆军省，别设教育总监部以司其事，凡陆军教育之方，必经该部总监长核定，乃准颁行。是以所教举国画一，无朱丹墨素之别，且教师即资高学粹之武员，入为师，出为长；而同寅之官即其同学之士，一旦临难，生死固结，是于学校之中隐寓维系之意。此外又别设教导团，以培植下士官，其作育人材之法，盖无微不至焉。

专门各学校

凡分六科：曰文，曰法，此两科专讲内治外交之学，

25,9,14

故日本大小文官，多自此二科出身者。曰理科，乃格物之学。曰农，曰工，曰医，惟工科名物最繁，此即所谓专科，而其中尚有专科中之专科，不能相通为用。凡此六科，皆考取寻常中学校已毕业而质敏者入学。其学校凡分两种：曰预备学校，即高等学校也；曰正科学校，即大学校也。此外，尚有大学院，即大学校毕业之人益求精进之地；又有工业学校、技手学校，乃工科中之骈枝也。

一高等学校

乃大学校之预科，盖中学校毕业之人，尚未能服习大学校诸科之业，特设此学为先基，故曰预科，犹陆军学之有地方、中央两幼学也。通国凡六所：一东京，一仙台，一西京，一金泽，一熊本，一山口。功课分三大宗，合文、法两科为一宗，合理、农、工三科为一宗，医科为一宗。在学三年，乃入大学校。不入者，如法科，即出而为判师、律师。工科即出而为官民各厂二等技师，医科即出而自行其道。 大学预科

一大学校

即所设前项之文、法、理、工、农、医六科。文、法两科中，内而为各部院大臣及治民听讼之官，外而为各国公使及参赞、随员，各埠领事，皆出其中。理科之中，出而为官民各厂技师，司大调度。如中国各局之督办，各厂之总监督。农科之中，出而为农商务省及各农务试验所技师，并通国农学教习。医科之中，出而为通国病院医师，及各军镇军医官。凡此六科，皆在学三年，历考而得毕业凭证 大学六科毕业去向

者，如中国吏部执照、兵部札之类。附名为学士，有文学士、法学士、理学士、工学士、农学士、医学士之分。如中国之得馆选，举国荣之。馀详后。

一大学院

无专署，即寓于大学校之中。凡六科中，已得学士，仍得入学三年，俾之优游餍饫、精益求精，其能得毕业凭证者，名曰博士，为其国学校出身之至荣者。

一工业学校

工业学校学制功课

考选中学校毕业者，入学三年。其学浅于大学校之工科，欲其速成以听用。功课分两大宗：曰化学工艺部，曰机械工艺部。而化学部又分三科：曰染织科，曰窑业科，曰应用化学科。机械部分为两科：曰机械科，曰电气工科，大旨为民业工艺而设。三年毕业以后，出而充各厂二等技师。

一技手学校

犹中国所称工头缆头也。乃工科学士博士所私立，取高等小学校毕业之人，专以教成工头，以供其指挥，犹陆军之有教导团，以教下士之官也，亦必入学三年，乃能有成。

附各种学校

一华族学习院

贵族学校

初本为皇族官族子弟而设，分初等、中等、高等学。功课略如小学校、中学校、大学校，只有文、法两科，盖

25,9,14

世官、世禄，以备子弟异日居官之用，然习于骄贵，多不向学。故亦令民族子弟附学，以愧励之。

一高等商业学校

储以备银行各大商会，并游历外国，体察商业之用。于中学校毕业诸生考选质地优者入，凡一年预科，二年正科。

一高等师范音乐学校

专储各学校男女音乐教习之材。

一盲哑学校

专以教民间瞽哑子女，使能自存活。盲生功课为识字、如电报码面窿起，以手代目认。算术、医术、音乐、按摩、体操诸学。哑生功课为识字、令对镜学口之张弛形。学书、作文、算术、笔谈、图画、雕刻、指物、裁缝诸学。以五年毕业。

盲生功课

哑生功课

一女子高等学校

日本仿泰西法，无论子女，年六岁者皆入小学校。其女子于小学四年毕业后，即专入此学校。其功课为本国文、汉文、西文、历史、算学、地理、格物、家事、女红、习字、体操、音乐、图画诸学。以六年毕业，得保入高等师范学校。

女子高等学校功课

一女子高等师范学校

功课大率如前，特所诣益精，而外加教育子女法一项。凡四年毕业，得为女子高等学校之师焉。

一华族女学校

为日本皇后所设。后以时临幸，董之者为退老大臣。

现以讲一视同仁之谊，故民间女子亦得入焉。其功课分初等、高等，略如小学校、女子高等学校。

一邮便电信学校

学分三科：曰技术，曰行政，曰通信。生徒一百八十馀人，以二年毕业，分任各局邮电之事。

一外国语言学校

外语学校

中历丁酉年立，专习中国、朝鲜、英、俄、德、法、西班牙、意大利八国语言，三年毕业。现拟推广，举五洲语言皆令肄习，亦要务也。

一附属中学校

以备师范诸生考验学业成否之所。

一单级小学校

为穷乡僻壤而设，凡乡居子弟，贫不能入城学习各业者，专派教习，设此学以教之。

一庆应义塾

庆应义塾私学之最

富绅私立。维新以后，国家需材孔亟，一时出面应选者皆出其中。现有学徒千馀，小学、大学皆具，为私学之最大者。此外，公私学校尚多，难以枚举，兹就东京所目击者而节录之。中国富绅巨族不少，宜仿此意，聘教习以教西学，成就人才，讵有涯涘。

兵制大略

首近卫师团如中国神机营，拱卫京畿者。

日本兵制

第一师团驻东京，第二师团驻仙台，第三师团驻名古屋，

25,9,14

第四师团驻大阪，第五师团驻广岛，第六师团驻熊本，第七师团驻札幌即北海道，第八师团驻宏前，第九师团驻金泽，第十师团驻姬路，第十一师团驻丸龟，第十二师团驻小仓。

每一师团内有工程队、辎重队、炮兵队、骑兵队、军医队、铁道大队。

其队由渐而积，每六十四人为一小队，三小队为一中队，四中队为一大队，三大队为一联队，两联队为一旅团，两旅团为一师团。

每一师团约一万五六千人，临战时酌增。

是日，往观成城学校。与译官末吉君及井大尉同往，参谋部特遣中佐柴五郎先候于学馆。晤其干事长奥山三郎、日高藤吉郎，略述立学大旨，而后导视各所。盖日本学校分三类：一官立，国帑为之。一公立，地方税为之。一私立，或独立，或合资。皆统于文部省。成城学校，私立者，始明治十八年，今毕业而任士官及工农商之业者，凡千有六百人。先纳私费，已而国家知其善而助之。现在生徒五百六十人，皆取高等小学卒业，或寻常中学未卒业之人，就其志愿，考取入学。而分中学、高等二科。中学五年卒业，则可入士官学校、海军兵学校及他高等工商学校。其功课如中学校，而以预备士官学校之用，故于体操、兵式尤重。其教之宗旨，则以伦理学端其心志，体操学练其胆力，使其忠君爱国之心油然而生。虽当危亡，效死勿去。若是者，为精神教育为第一义，而以和文、日本国文字，以和文呼之。汉文、西文、地理、

成城学校

日本学校分三类

成城学校课程

历史、凡文章、地理、历史皆先本国而后外国，不使学人数典而忘祖，舍己而耘人也。算学、博物、兼动物、植物、生理、卫生而言。化学、习字、图画诸学，以启发其智慧，扩张其能力，于生人当知之学无所缺憾。若是者，为知识教育为第二义。生徒学普通，教习则各授其专门。故凡教习三十馀人，讲堂三十馀所。七日一休息，六日之中，分配各学教授之时，一日授业凡七小时，授业一小时，息十分以舒教者、学者之气。授时，衣冠必整，坐作有式，寝兴有时，寝有室，室有定位，列书置物有式，师问对有式，毋谗言，毋惰容，毋嬉笑，违者有罚。人置一册于前，别为副本，录师所授之业，肄习之久，不悟则请益。师又以虚理事实，或图画之属反复开导之，如化学，则实验轻气，植物，则执花木之枝叶，以剖析其形质构成之理；算则演数，地则悬图，文章则骈列其虚实之字。凡讲学，皆悬及丈之版，以粉笔画之，以诏学者。且诏且问，师弟精神无不贯注。惟讲堂仅以听讲，别有自习室，退而自习所讲之业。凡以上各事，均设有专员检察之，师弟兢兢，毋敢或慢。有体操场，有普通体操场，如超距、秋千、纵竹竿、跃木马之类，所以柔软身体之用。兵式体操场，分个人教练、中队教练。士官督之，皆负革持枪作向敌状。号令起止有节，其幼者尤矫捷。有击剑场，盖开国以来相传之术，两人以革蒙首，持竹剑相击，若真刺者，无所逊让，凡以练胆气也。别有器具库，凡动植物、矿质、全体化学应用之品料，与其机器皆具。学生每日纳受业费二圆，寄宿、寄食则有加。学业之勤惰，教习日验之；德行之进退，检查员日验之，校长

教育制度

详介成城学校规制

25,9,15

又察其勤而进者奖之，惰而退者诫之，至于再三不悛，则屏出学。凡学生之一举一动，固无时不注于教者之心目中也。是学，高丽留学者五十人，中国留者四十一人，岁纳费三百圆，皆自湖北、浙江、南北洋派遣者。于此学普通学八阅月，东文、东语大半已通，体操亦熟，学校特委一人监督之。奥山君者，专司教中国之人，于饮食起居，则委曲以安其心；而于学业，则毫无假借。又酌中国之情形，特求教以速成之法，至可感也。

陆军地方幼年学校中央幼年学校

十五日，晴。拜陆军中将寺田正毅，未晤，即东京教育总长。往观陆军地方幼年学校、中央幼年学校，二者皆陆军士官之先基。先是，明治八年官立中央幼年学校于东京，选高等小学卒业之人入学教之，为士官预科。已而以小学之级不能遽入中央，且仅一学，亦不能尽一国材智之士，故于明治三十年分立地方幼年学校六区，东京、熊本、大阪、仙台、广岛、名古屋。凡高等小学中，选其毕业而质敏者五十人，凡六处，共三百人。先入地方幼年学校三年，而后入中央幼年学校，人数如前。在学二年，然后得入士官学校。此官立者，故规模大，而法令严，凡学生之坐作起居，皆有程式。盖成城学校卒业之人，犹可入文法、工商诸学，此二学校则专备陆军士官之用，故皆以兵法部勒之。中央学生有骑马学。其教之宗旨，则在涵养精神，以为作育人材之地，凡耳目所接，无非忠义之事，诱掖奖劝以固其志操。如文章，则读古忠义传，及画古忠臣烈士像，并书日皇诰敕于寝食之所，使之触目惊心，而后教以普通之学，以开其知识。数者无缺，庶几备一将校之选。开知识者，文职教习任之，而别设士官监督，以任涵养约束之事。校长必以武官，凡以从其类也。地方校长少佐关谷铭二郎，中央校长中佐伊崎良熙，皆久其任者，皆自校官累层而升。每岁七月卒业，日皇亲临考试，重其选也。官立者，学生半不纳费。凡死难子弟入学，皆不纳费。地方学校岁费三万馀圆，中央学校岁费十六万圆，学级有深浅，教员薪俸有加减，屋舍器械有加费。

参观户山学校

十六日，雨。往视户山学校。依次序而论，今日当视士官学校，以其生徒野外演习未反，故越次以观户山。户山立于明治六年，其创始宗旨，盖因维新之初，宿将固执，不喜新法，故立此学，调和新旧，专择将校中壮而稍颖者教之新法，以化其固执，学成而使之将。古所谓强将无弱兵，自然之理也。日本近时兵制之良，实根柢于户山。然现在时局，诸雄并立，日益求精，变本加厉，故又广派武员，随公使驻札各国，专察目前兵制，有所改作，立图其新式新法，以报于陆军省。省以令于教育总监，文学堂统于文部省，陆军学堂统于教育总监。盖教育事重，不可不设专官，以督责之。监以令于户山。乃令全国师团，更番分派武官来学，就其新法而研究之，其果善者，则酌本邦之兵制而变通之，不拘泥不全法也。或半年，或一年学成，归营以教其部曲。故万国之新法虽日变而月异，国家无不知之，亦无不变而通之，师其利而袪其弊，故能造其极，而不受其侮。此今日日本陆军，所以能抗泰西陆军之原委也。现在

万国新法无不知之变而通之

25,9,16

融会万国之心，故法制稍别于初时，所谓调停新旧之意，早已涣然冰释矣。其派来者，自师团、旅团、联队之佐尉，以至下士，更番入学，无定额，事多则遣派来学者亦多。见在百六十八员。学分四科：一战术，研究各国用兵之法，准本邦之现制，而定其至善者用之。是科读书之外，兼习兵棋，以其为将，故所读皆精深之理。一体操，体操为将卒一日不可缺之学，且各国多有新式，故专科习之。一剑术，既尚火器，而剑术之要，则在子尽弹绝、短兵相接之时，故日本剑术与泰西剑术皆习之，战时乃知所备也。一枪术。列万国新枪，以考其造之之法，而后择一用之。最利者，一国皆用之。盖枪不一律，弹子尽时，彼此不能相通，其弊甚大。此学科之意，则在研究造枪之法，于演放犹次也。四科皆兼习之，俱有长、有佐。校长步兵大佐依田广太郎，科长中少佐。又附立一教导团，由各师团选兵之良者入团，以习新法，一年而反其部。即就四科中之卒业者充当教习，以试验其学于教导团。团凡一大队，七百五十人。学与团费，岁共十万圆。盖将校兵丁皆由各师团调来，均有底饷，官不再给，故费少而功巨。现在湖北护军营派差弁四人，入户山学校专习体操已半年，将卒业，学颇可观，惟年老者较艰苦耳。随阅军乐学校，亦自各师团派兵来学者，凡四十八人，教官军乐长一人，举万国之军乐而谱之，以习其进退号令。兵制改良，斯亦不可略也。

湖北派员专习体操

鸿臣案：游历观法，期限迫促，既不能详察细微，则贵通其立法之大旨。然事变未已，故其立法之意，亦岁异而月新。即如今日户山学校，若犹执当日调停新旧以求之，鲜不与国情相背者，此游历之员未可执一以求，而各省游历之使，亦岁不可缺也。

参观军医学校

十七日，晴。往视军医学校。盖取高等学堂、帝国大学校医科中之卒业，有志于军医者考取之，教以临阵施治，与平时有缓急之别。以四月卒业，高等学堂七月卒业，分隶各队，以疗治军中疫疠，及军士之受弹伤者。现在生徒五十许人，岁费六万圆。各军军医亦必轮调来学，俾知新法。有图室、备内外科之书，及各国医学报。外科解剖生理讲室、列诸受弹之骨，以求弹子出入之法。卫生学业室、行军卫生，如筑营之地，必验其水草、土地之性。携粮审查处、列诸食品，分化美恶，去恶存美，以备军用。验虫室、病皆由于虫，甚微，测以千倍显微镜，得其形，就其所以食人者，养之玻璃管。管如人生之温度，俟其长大，用种豆法种于鼠，待其病，以知其状；待其死，剖解之，以知其受病之故，而得其术。有黑死病、肺病、痧病诸虫，甚多。标本室。储古来战死之骨，以考古人受伤之异同，而知火气之力。又备人之脏腑，以酒养之不朽，而备学生考验，医院皆有。其他可资考验之具甚繁，要以关于军事者为尤备。火器日精，伤亡日酷，行军者未可置为缓图也。目前地球，德医至精，次则推日本耳。

两日所至学校，阅视既毕，其校长出册一本，请署衔名，以存记念。必亲书之，不能倩人捉刀也。书毕，各以其学校章程相惠。

晤品川弥次郎

拜枢密顾问，官子爵品川弥次郎，吉田松阴之弟子也，维新之初，尝披甲以从勤王之师，今年六十矣。述维新之状曰：中国易于日本，万万不可自弃也。虽然日本以地小而易举，中国地大，自北京变之，十八省承之，亦非易易；如不能尽举，倘得一二贤督抚，经营一二省，以倡

25,9,18

风气，时会既迫，人心所趋，固无虑其不举也。且日本维新，当时亦自萨摩、长门一二藩主先之。言至亲切。

十八日，晴。是日为日本体育会竞漕开始之日，先日柬约往观，在东京东南隅墨田川地方。其初立会之旨，盖以日本滨海，而学校仅操习步兵，是专力于陆，而忽于水，将何以为国？且欧美诸国，各以兵舰竞于太平洋，而东方诸国不与焉。有日高藤吉郎者，奋然兴起，纠合同志，创为斯会，集学校之人，修驶驾之术，务求国人皆习于海。会既立，日皇嘉之，助以二万金，通国官商士绅又从而乐输之，资用既充，遂为海军自强之本。今日为创始日，闲院宫亲王为会长，偕其妃俱临。先行开始式，王读文，诸生鞠躬而听，退而驾六舢板，纵横为阵于川，子爵小笠原长生驾小轮指挥号令之。是为漕艇运动，乃以三舢板竞驶，艇用六人，以赤白青别而蒙首，先至者举青旗庆之，王召至前劳之。相竞之时，若决死命，一尺寸不相让，与中国竞渡之意相似。既蒇事，王邀鸿臣与沈观察列坐饮酒照像，极优款之谊。日舰少于英，而英舰力分于所属，日则专集于太平洋，今又倾国之力以求其学，抵俄制英之外，岂无所欲哉！

日本体育会竞漕开始之日

漕艇运动

闲院宫亲王见官陆军骑兵中佐，日本亲王中之最优于胆略者。又晤海军中佐子爵小笠原长生、海军大佐玉利亲贤、寺垣猪三、陆军监督平泽道次、大尉大森狷之介，体育会总日高藤吉郎、丸田近方。

十九日，晴。往视骑兵实施学校。火车行四十分，至

参观骑兵实施学校

涩谷，又徒行五里，始至其地。骑兵学校之旨，同于户山，亦自师团派人来学乘马、养马、调马之术，及战时骑兵种种分合、进退之法，而取各国骑兵新法研究之。四月归教其部，自中央学校即学骑马，此则专门求其精者，故四月可以卒业。则一国骑兵皆新法，而无不一律者也。见在学生八十四人，养马三百馀，岁费十万元。凡马之刍秣、马厩为广厦，一马一厩，列马之齿与名与产之地、御者之名。蹄铁、造蹄铁及装配法。疾病养马之事，皆学生理之。乘马之术，教官先自操习，一礼拜中，教官三日自习。而后学生授业。操习之法，先于练厅分三区，一、架木以阻马，而自后鞭之，使其奔驰狂跃，骑者挥两手，直以一身与之腾掷，以试身力。一、策马环驰，骑者舍辔夹之而超，以试跨力。一、则于马上反正左右上下超距，以极驾驭之变。既而策马驰于淖潦阪涧，以调马与骑者，而备非常。此外，兼习发电之学，战时骑任前锋，主破坏敌境之电，故必先知其法。

又附属兽医学校，以习马之解剖，及保护疗治之术。凡与骑兵相关系者，无或阙焉。而其要则在教习之躬践，故收效甚速。

参观日本近卫步兵第三联队

二十日，晴。赴近卫步兵第三联队，队长为吉田大佐。日本十二师团分镇全国，别立近卫师团，保卫王畿；一师团六联队，各分两屯。凡合三大队为一联队，四中队合一大队，三小队合一中队。兵之额，平时与战时异。此一小队则合旗号手，凡五十四人，或八十人，则一联队凡二千三百馀人。联队之长大佐，大队之长中佐，中队之长大尉，小队之长少尉。一联队屯所，广三四里。兵所居皆

25,9,20

西式楼，四层一大队，别一楼，楼如千室。队长、队副与军曹之室，皆近兵室。兵室或十人、十六人。榻一字列衾被、折叠物品，位置有定式，寝兴有定时，违则罚。队长之室亦然。将不自范，不可率兵。每室图古忠烈事，并书日皇诰敕于壁，使毋须臾忘忠君爱国之忱。军士见所属长官及所属之士官，必为礼，虽大将，必答礼。上无骄傲之态，下无纵恣之形，于相敬相亲之中，隐寓相维相系之意。又有庖厨、铳工、靴工、缝工各场，皆以兵更番为之，以时习之，凡以备临事之用，缓急有所恃，不挟工以自累也。有粮秣、炊具、被服、兵器各库，亦备军中临事之用。储时必足，有需立发，毋敢或阙。法至良，意至美也。是日先作个人操，五人分演，一兵督之，人少而后可以察其细微之当否也。又以一兵作负剑状，二兵治之，须臾如法包裹，一如战时。继为中队操，作横阵、竖阵、侧面阵、对骑阵，皆本德制而变通之，特其精神奋厉，不仅以步伐见长也。横列时，望兵之手足及枪首剑锋，若绳墨焉者。又为击枪，先二人交击，后十人互刺。弹尽以枪刺，生死之交，势尤猛烈，观者不知其为演也。吉田大佐欲试将校之号令，与兵卒之精神，于是传非常齐集令，每联队有号令手四十八人，专司号令，兵寝兴进退皆有令，令所至，毫不敢违。兵之嬉于外者，闻令奔赴，三分时至十二分时，二大队皆戒严。出阵演大队操。大队长骑而号令，始为横竖阵，继则进步，连环呐喊冲锋，终而敛队就舍。大中队长各至联队长之前，以剑当额为礼，若请诫饬者，联队长慰而遣之。此名非常令，岁恒数举，以警兵之懈弛

日本近卫军军纪等

操练情形

也。一联队有将官会集所，下士会集所。皆具酒食，为将官宴乐谈议之所。又有酒保队，凡军兵日用饮食所需，以公费购储队内，贱其值以售之。兵平时不准出营，以此恤而便之。日本之兵，皆征于学校，与仓卒召募者迥异。以民间子弟，岁二十者听征，就其身体、学技所宜，分配步骑、炮工、辎重各队，大抵皆系小学毕业，粗解普通之人，方能充选。所谓征者，盖征于普通各学校之生徒也。入队之后，该管将领学业既深，以身作则，躬亲教督，年复一年，益加精进，无扞格不入之患，有父兄师保之情。一旦有事，腹心干城，缓急足恃，自然之理也。是法也，虽穰苴、孙膑复生，亦毋以越而过之。矧现在泰西各国大致相同，德制尤精，日其次也，可不惧哉！

参观近卫骑兵大队

又至近卫骑兵大队。队长骑兵大佐涩谷在明。日本将校皆兼通步骑、炮工、辎重、五兵之学，至于统兵，则各用其专门。骑兵士官，终身不能将步兵也。凡师团，皆立一骑兵大队，平时兵四百，马四百，战有改。一马之费，月十圆。居室一如步兵之制。其操演，亦区分乘马、养马、调马三法，如骑兵学校，凡学校内刍牧、蹄铁等事，佣人为之，而学生亦兼习之。至兵队内马，则皆归兵自管。凡骑兵，身材皆选短小精悍者，取其矫健便捷，弹又不易中也。

征兵之法

日本兵饷，每月一圆五角，然衣服饮食皆由公家预备，名虽薄，而实不薄矣。而其能固结军心之法，则由兵征于学校，服习有素，人皆以当兵三年，为尽其国民之职。当维新之初，征兵令下，人心惶惶，皆以免役为幸。

25,9,21

自普通各学校立，而通国私立小学校至二万数千区，从幼至壮，皆习于兵，迨于近岁，小学生徒率以不得入选为耻，而其志，故不在饷糈之厚薄也。孔子曰：道之以政，齐之以刑，民免而无耻；道之以德，齐之以礼，有耻且格。由是观之，聘教习，设小学，岂可以为不关兵事，而置为缓图哉！

参观中野铁道大队

二十一日，晴。火车行五十分，至中野铁道大队。明治三十年，甫创者以战时不知建筑铁道、通用电信之术，则运输消息不灵，故预立此队，以资学习。大队凡区为三，以二队学筑道驾车之术，以一队习立竿发电之术，皆于平常用法外，别求其简捷者，而以兵法部勒之。立电竿法，以兵三十人，列队受号令讫，乃分荷竿线、锸畚、梯驾而趋，十丈植一竿，五人司之，随植随前，一小时成日本一里，当中国七里而弱。成则立发一电话、一有字报、一无字报，皆兵习之。筑铁道法，亦用兵三十人。地必先平，筑时惟覆土、运木、安条、置轨，诸事既毕，乃移而前，一小时可成五百米突，一米突，日本三尺三寸，凡一百六十五丈，不足中国一里。皆倍速于平常。现兵甚少，均自各团队征集，更番学习，归教其部，盖欲使通国之兵，无不知临事时建筑铁道电信之学者。

参观近卫工兵大队

二十二日，晴。往观近卫工兵大队。火车行三十分，至赤羽，又里馀至驻营处。队长工兵大佐为佐川耕作。兵制：每一师团，皆特立一工兵大队，凡四百馀人。岁费六万圆，野外演习费二千圆。师行所至，工队随之，凡战时筑垒、架桥、修路、地道之事，皆工兵任之。而练之于平日，以求其简捷。有器具库，凡测量、修路、架桥、地道、营垒、铁道、电信兼通其粗浅者，不如铁道大队之精熟也。之器，木料、斧斤，大小胥备，有警立发。是兵在队三年，第一年讲习于营，二三年实演于野。昨自野外演习初归，劳乏已甚，仅演无线电机。乃用两镜筒，距一里外取阳光，相对而按字，于中光之所射，相望而知，较胜于有线者，线可为敌断故也。然此亦不便于山隔雾障，且远不及五十里，似亦有弊。并兼习步操、缝靴之术。有事，则以马载工具，尾步兵而行。故此队之下士官，亦骑兵之不兼工者，东西各国皆然。

铁道大队演习打靶

是日，铁道大队演放洋枪，打靶于工兵场。取其原野空旷，免致枪子伤人。靶式如人身，竖于场中二里之外，计以中里。靶旁掘深壕，以二兵守之，弹子中靶，壕内兵出红旗展扬，军曹立注于名册下，否则已。大队长及下士官皆肃立、阅看。放时，五人为列，鱼贯以进。演毕，军曹验其馀药，队长监其正否。枪身光洁，体正志力，不以演试为嬉也。鸿臣随带哨官袁锦鳌侍侧，不虞其队长军曹以为远客，再三以枪让之。名虽示敬，实则欲试中国武弁有无技艺也。锦鳌惧不中靶，贻外邦笑柄，辞不演。鸿臣谕以既承诸君相让，何妨一试。锦鳌遂接，放五枪，幸中三靶。队长等皆喝采，称其久未演习，生地生枪，竟能中的，不可及也。鸿臣代为敬谢不敏焉。

游上野公园动物院。凡羽毛鳞介之族、内外国之产，

25,9,23

无不毕具，一鹦鹉，至五十馀种。以见证闻，亦启发民智之一端也。

近卫野战炮兵联队

二十三日，晴。往视近卫野战炮兵联队。凡师团皆有之。队长隈元政次，炮兵大佐也。凡区分三大队，兵九百馀人。岁费二十四万有奇。第一、二大队为野战炮兵，用于平旷之地。其操法，一中队载六炮，一炮一车，七马、一卒、二军曹、二下士官，皆骑六炮为列，先横阵，后竖阵，遇敌则解车横列。二卒管马一，持车一，测准一，曳大绳二。送弹军曹，奔走以听队长之令。其演时，甚奋厉。第三大队为过山炮兵，用于山间狭隘之地。其操法，一中队六炮，一炮一车，四马、七卒、二军曹、一下士官。先横阵，后竖阵。遇敌则横列。放已，则折车载之马而趋，遇敌复合而放。合之时，马轮车辐皆有定所，折合至速，不过五分时。盖由各学校征兵时，即择汉仗魁梧者充炮兵。小演于营，大演于野。或一月而反，野外演岁费八千圆。岁一大操，养马三百馀。蹄铁兽医之所，靴缝炮工之场，以及临战药弹，无不储备充足。士官七十，其四十派赴陆军大学校及户山学校、炮兵工厂，以求新法。现用二炮，皆大阪炮厂造，皆独发现。在该厂新造，连发大炮明年可成，则独发皆废。西洋各国炮皆连发，火器日烈，兵祸日酷，自制抵制之道，可不讲哉！日本军制，岁十月军医监检查军士之身体，师团长检查军士之行为。今日为军医检查之期，监长亲至，逐一查验，既毕而返。昨日为师团长检查之期，查毕，受令于联队长，以兵之何者当革，何者未尽善，转令于大队长。大队长乃于今日集大队兵，立而诏之，若师弟之相告诫者，相亲以情，相服以学。凡兵之行止，无日不往来于将校之心目中，此所以兵无败检，而能收其指臂之

军医检查

助也。

拜参谋总长大山元帅，言中日协力之事。谓唐以来，日本饮食、衣服、起居、学问之事，皆中国贶之。今日之愿助力者，不惟辅车唇齿之义，亦以报往日之赐。意至谦笃。又拜伊濑知少将、外务青木大臣，约明日过谭，复以翌日趋拜。

二十四日，阴。火车行一时又半，至横须贺，日本三镇府，此其第一也。置海军中将，为都督，凡出师及海军区之警备、军港要港之防御、十五兵舰之进止，皆统之。三镇皆同，而横须贺为日本最能避风泊船之海口，比于旅顺，实东京之咽喉也，故特立造船厂于此。经始三十年以前，至今凡造成大小兵船三百馀号，规制日备，可自造容积万吨者。厂用工人三千，有船坞三，机器、铸铁、炼铁、打铁厂大小各二，碓铁、平铁、锅炉厂各一。别有木场、存料库、制图场、抚形场、诊疾所，大抵如福建船厂。而此厂纵横十三四里，经费充足，故规模特大也。其自机关监至技手，皆有定员，而监督则必海军深通造船之官充之，故海军人员可以就监督自练其学，以备异日充选监督地步。其馀章程严密，大致与四川机器局相仿。不过监督能通制造，既可由熟生巧，而工人技艺之精粗、用力之勤惰，与夫器具既成之良窳，不敢妄相蒙蔽而已。时方造容积万一千三百吨之千早炮艇，已二年，再半年可以竣工。

参观横须贺造船厂

其都督，中将男爵湘浦纪道，张宴奏乐，优款甚至。

25,9,24

参观富士、浅间二舰

宴已，又以小轮相迓，请观所部富士、浅间二舰。富士为二等铁甲船，去年始自英国阿木士郎厂驶回，容万二千吨，长四百英尺，马力二万匹，入水二十六尺，速率一小时十八海里，甲厚十四寸，兵六百七十。附鱼雷二，小轮二，舢板十二，大炮四，口径十二寸，弹及七十里，配放前后，围以铁台，人力、汽力、电力俱可使之旋转如意。中炮十，小快炮十八，凡炮三十六尊。船五层。船头安鱼雷二尊；三层，左右各安鱼雷二尊。船外可张鱼雷网，其他制之严备。火药如龙田，而十四倍之亚细亚，铁甲船之第一也。浅间乃一等巡洋舰，明治二十九年，与富士舰同造于英阿木士郎厂。长三百五十英尺，容九千五百吨，马力一万二千，入水二十六尺四寸，一小时行二十一海里，甲厚九寸。配兵六百，大小炮四十，鱼雷二，小艇二，舢板四，馀与富士舰同。日本于德军〔陆军〕，已可自信其扩张之日进；至于海军，则犹兢兢焉，惟恐其不及。既有富士兵舰，顷又在于德厂定造容万五千吨炮舰一具，彼有集太平洋之全力，而犹扩张海军，汲汲如此，吾华岂可处故安常而不思所以自立哉！

日倾全力扩张海军

二十五日，雷雨。与沈观察会发，阅视各处学校军制禀。

炮兵工厂

二十六日，晴。往视炮兵工厂。大阪厂造炮，此则造剑枪之厂也。经始于三十年以前，岁有推广。现在役工六千，岁费至八百万圆，日成三十年式新枪四百。日本现用枪三种：一村田，连发；一明治十八年式；一三十年式，连发五子，至速，至稳。明年以后，一律用此。厂周八里，二日乃可周，三小时仅视其炼铁、熔铁、铁板、铁皮、铳身、铳头、锻工、剑工、制管、机关、火器、改木、填药、药荚、配合、纸函、系用女工。发电、拂拭、检查、射的诸场，三分之一而已。大致若江南制造局，而其要在监督皆士官之出于学校者，与前船厂监督同一意义。此则监督一二年，可以领兵于外，仍选熟习炮工之士官任厥事。现在总长为陆军少将，亦深知制造之员，此似中国所宜采法者。又于厂立生徒授业场，自各联队派来兵五百人，研究枪之利钝与修造之术，数月毕业，归教其部，一队之兵皆能自修其枪，立法至善。中国勇营修整洋枪，动辄需匠，此节尤当效法。大抵日本讲求火器之要有三：一以知制造者监工厂，一则将卒必知修整枪炮，一则通国所用之枪，必皆一律，所配药弹亦无歧异，俾免临事仓皇，皆成弃物。三者缺一，谓之无枪无厂可也。

参观卫戍医院

午后，往视卫戍病院。凡师团所在，必立病院。将卒病，军医治之，大病送于院。军医者，野战病院；卫戍，则预备病院也。病院岁治疗费三万余圆。病分内、外二科，军医十四人，调护病人起居者三十七人，治病者百三十四人。病院列室十三，番番列榻二十许，就病之相类者同居。枕被日用饮食之需，皆院中备，靡不精洁。日立表，记病人之数及病之种类，每日之诊状，药剂愈否，纤悉无遗。当战，则病院助军；平时，则军医助院。二者相通，卫戍之意甚备。

25,9,26

同文会

同文会召饮红叶馆，会长近卫公爵游南京未返，代理会长子爵长冈护美，致其殷勤，演述同文会连合清韩、共兴东亚之意。鸿臣亦举督宪派员游历，期在采取日本陆军文学及他良法善政，将以整顿中国之意答之。已而同文会员田锅、中岛二君及井大尉相继演说。同席者，李星使，罗、冯两翻译，崔直牧及日本知名之士三十许人，歌舞间作，尽欢而散。

拜桦山文部大臣，言中国振兴之道，惟在练陆军以救急，兴学校以立本。语意诚挚。

阅兵演习

二十七日，晴。赴练兵场。三日后为天长节，日皇将出阅兵。今日先演观兵式于此，近卫第一两师团兵之在东京者皆至。先齐队，作环列式，以大将代阅兵官。军乐队奏迎驾乐，阅兵官乘马，周绕兵前一轮，过时本队奏乐。阅已，阅兵官南面立场之中，各大队以次绕场而趋，横列于中，作分列式。军乐队北向奏乐。诸大队，先教导团，一大队。次近卫师团步兵，四联队一大队为一列，分八排。次第一师团步兵，亦四联队，馀者屯戍于外。次工兵，两师团，各一大队。次铁道大队，次近卫炮兵，大队三，皆曳炮而行。次近卫骑兵，一联队。次第一骑兵炮兵，各二联队。次辎重兵，两师团，各一大队。以次趋过。前队官举剑当额，兵举枪脱剑为礼。次第趋过，复横列作送驾乐。于是诸队长下马，集阅兵官之前，请其不及而笔记之。是日演其式，兵之过位，北面肃然，如亲上者。参谋部、宫内省各遣官来视，日皇亦遣闲院宫亲王来，甚重之也。

参观红十字会病院

午后，视察赤十字社病院。十字社始于瑞士国，战时社之人从军，白冠，赤十字为记，见伤则救，不问敌国，敌亦不敢加弹于救护之人。盖于极不仁之中，行至仁之事。有万国赤十字会，立约于会，则得擅社中权利。日本立约始明治十九年，于东京立本部病院，而分设支部于府县，凡四十馀所。本部岁治疗费八万圆，皆国帑及社员志士醵金为之。战时从军，平时为人诊治，而分三等取费，苦者不取。病院可容七百人，现居病者二百馀人。调护病者皆女人，凡二百五十，选妇之强壮方正者，先为生徒三年，然后任调护之事，月给七圆，以女德静细，宜于侍疾也。他制如卫戍病院，规抚三倍过之，顷犹将扩张其经费、房舍，保全性命于枪林弹雨之中，有国者不可不急讲也。

是夜，大山参谋总长召饮于偕行社，同席为李星使、崔直牧。席间，大山总长述其倾仰乐帅及王爵帅之意，甚挚。

二十八日，阴雨。商之井大尉，憩息一日。午后，雨稍止，乃与沈观察偕至李星使署，坐谭良久。并晤黎觉人参赞、罗保生翻译，谘询东事甚悉。此行，井大尉介绍之辛苦，参谋部接待之优异，皆倾慕乐帅之心，推爱及乌，并望与四川同心合力，以图自强，意可感也。

望与四川同心合力

二十九日，晴。拜近卫师团长中将男爵长谷川好道。

十月初一日，晴。东历十一月初三日也，为日皇万寿天长节，阅兵之日。鸿臣等质明先诣练兵场肃列将官幕

25,10,1

下。巳初，驾至，前驱近卫宪兵十二骑，各持菊花小旗，前八后四。亲王宫省侍从，车七乘。日皇居中央，朱轮双马，侍从大臣陪驾，至场憩于御幕。始易坐骑，环场以观兵。日皇着戎服，佩剑，略如大将。天皇兼大元帅号，示重武也。亲王、大臣、陆军武官、各国阅操之官乘马随后。观兵已，止于幕。须臾，日皇乘马，立场之中央。兵以次趋前，一切如前日。每联队大旗过，日皇举手齐额礼之。联队大旗，日皇亲授，为一联队之耳目。秉旗者虽弹过，不敢避，甚危且重，故礼之，以固兵气者。马上一时许，坐观。兵过，演毕，驾还，各官皆退。是夜，外务省柬约，赴天长宴于帝国客馆，本馆外国官及知名之士皆与会。延宾者，外务青木大臣周藏，偕其夫人与夫人之妹娣，候客于门。西人至者，皆与妇偕，露其胸肘，长裾曳地。坐须臾，男女相持跳舞，节之以军乐。闲院宫亲王妃亦效西装，为跳舞。舞已，筵开，客自奉盘盂取酒食。是日，会者千人，中国三十许人。 观天长节阅兵式

初二日，晴。天长节三日内，辍一切事。农商务大臣曾祢荒助、秘书官美浓部俊吉、近卫师团炮兵大佐牟田敬九郎来拜。

初三日，晴。视农商务省商品陈列馆。其陈列分二端：一列本国精品，标作者之名、地物之植，任人纵览。有好者，馆人为之介绍，以畅内国之销路。一列外国品，考各邦之嗜好，而求制造相当之法，以争外国之利权。二者皆所以励工、保工也。其国之品分农、林、水、矿、工 参观农商务省商品陈列馆

日人常刺中国必需之物常用之品

五产，而工产之磁、丝、漆尤多。外国品则中国为重。盖日人工艺虽精，而原料工价皆贵。加之西国入口之税重，输出者苟价与西国相若，则万不能夺其利。中国工艺既逊，入口税又轻，率嗜贱物，不择良窳。故日人常刺中国必需之物、常用嗜好之品，以筹工省价廉之法。现在倾国所究工商，纯注意中国。迨其商务日盛，则中国输出之利益广。彼国所需之物，仅米、糖、漆三项。日本漆工精而漆不足，皆取之中国。而中国之漆，皆萃于重庆，商人贩至上海，往往搀以伪油，日人苦之，恒扼其值。若于四川重庆立公司以揽漆，昂其价值，而禁作伪，亦可擅利。如能于米、糖、漆三项中，保护而策励之，以畅销路，未始不可稍相抵制也。

初四日，晴。往谢青木外务大臣天长节之宴。晚间，与沈观察同邀桥本斋太郎大尉及井户川、小林诸君，宴于偕乐园。桥本斋大尉现应福建教习之招，明日行矣。

25,10,5

东瀛阅操日记下卷

初五日，晴。往观女子师范学校，并其附属之幼稚园、女子寻常小学校、高等小学校、高等女学校。以前所观陆军各学校兵队，皆参谋部翻译木吉君同往；今日以后，则外务翻译小林光太郎同往。

十月初五参观学校

日本学校次序，凡民间子女，三岁即送入幼稚园学习，不送者，罚及家长。学至六岁，方入寻常小学校，四年毕业，又预科二年，男女自此分途。女则专入女子高等小学校，四年又入补习科，二年然后入高等师范学校，四年毕业，则出而任高等女学校、寻常女子师范学校之教习。公私所立，但有女子寻常师范学校。若女子高等师范学校，官立一所而已。选入此学者，皆官助其费。盖以教习无多，培养人材必先自教习始，故官助费以鼓励之。现在岁费八万圆，犹待扩充也。附属小学及幼稚园，以资研究普通教法，使本校毕业生徒试验教育之法，于此方知其

女学次第

幼稚园情况

能胜任教育之事与否。凡师范学校，无不有小学附属之也。凡送子女至幼稚园者，月纳费一元。教导之法，以涂泥、架木方、胜开方诸事，及草木鸟兽之形状、名色，以广其识。而图画古忠臣、孝子、奇男、烈女之事迹，反复演说，以端其趋。别有嬉游歌舞之地，以怡其神而畅其气，不强役以苦难之事，使之遏郁不舒，阻塞生机也。无论子女，一切皆以保姆督之，保姆则以师范生习之。盖纯以可乐之事，使之易从，而仍不越乎规矩、准绳，与古人蒙养之法暗相吻合。法良意美，故日本以学校为立国根本，而幼稚园又学校之根本也。

寻常女子小学校与高等女子小学校

寻常女子小学校者，凡民间女子，年至六岁，不入此学者，亦罚其家长。此学以四年毕业。其功课为修身、读书、习字、本国文、汉文、西文、算术、体操、格物、家事、缝纫、刺绣、音乐、歌舞诸事。其体操亦以兵法习之。此学毕业，即不入女子高等小学校，亦足以主中馈而尽妇道焉。至高等女子小学校，功课大率如前，而加以本国地理、历史、理科、图画之事，以六年毕业。小学校以端其趋向，高等则重在开其智慧、浚其灵敏，故为女学之中权。学业之小成，即此而止，凡女子当学之事，皆备。由此再进，则可以为教育之事矣。

由女子高等学校，入高等女子师范学校者，先入补习科二年，造诣益深，然后保入。以教师之责任甚重，凡子女之成材与否，胥视教师为转移，必其材德学术兼优者，而后可以为人师。故其学有普通科、研究科、撰科。以三

25,10,5

年毕业，至第四年，则于附属小学中，试验其教育之事。其程度分文科、理科、技艺科，而以兼习教育之事为重。师范诸生皆宿于学舍，整肃如男学。别有博物室，以考究动植；图画室，以供博览；习礼室，以修仪文；烹调室，以习中馈。而外加教育子女法一项。四年毕业后，得为女子高等学校之师。此学校惟东京一处有之，举一国之材智女子，皆成于此，故规模甚阔，而法律亦严。盖自寻常女子小学校，循途至此，凡学十七年，而后保选为师，其难也，其慎也。然亦有男员充教习者，则以学劭年高、退老大臣任之，外此不能也。凡女学诸生，每岁必派保姆检验其身体盈虚一次，而比较之，尤寓体育之精意。植母德以训其□，□妇德以赞其夫，女子之系人家国，其重如此。此东西诸邦，教育加详之不可及也。幼稚园生徒二百五十人，寻常小学校生徒五百人，高等诸生三百人，师范诸生三百人。 高等女子师范学校

初六日，晴。陆军大将伯爵野津道贯、中佐西村千里来拜。

是日，往观高等师范学校，与其附属中学校、单级小学校。此学亦惟东京设立一所，实为寻常师范学校及寻常中学校之根本。故此二学校之师咸取资焉。官给之费。四年毕业，日皇亲莅学校，授以毕业证书，而后出为教员，视之至重也。其学至第四年，先试验教育之法于附属学校。功课分文、理二学，于文科，又分教育、国语、汉文、地理、历史、法学、哲学、经济、言语诸学，于理 高等师范学校

学，又分理学、化学、数学、地质学、植物、动物、生理、农业、手工、图画诸学。二科之中，皆有伦理教育，必其坊表可法，学术甚精，而后选为人师。亦有专修科、研究科、撰科。凡学生三百人，专修科亦必及普通学，有不知者，不能俨居师位矣。附属中学校者，以备师范诸生之实验。其学级五年，学科伦理、国文、汉文、英语、凡寻常中学之第三年，则有外国语学。历史、地理、数学、博物、理化学、习字、图画、唱歌、体操。生徒凡三百五十人，月纳金二圆。单级小学者，盖为穷乡僻壤而设，势不能用专门教习分级讲堂之例。故于村壤特立单级小学，以一教习，于一室中，分时以授各种之学。学生大抵贫不纳费。生徒不足七十人者，则独任之；过七十人，则置一副教习。理栉、饮食皆于讲堂，学生任洒扫。教员宿于舍，一切用乡例。贫家子弟不能永学，故单级所教，皆至浅近，惟使其力足谋衣食而已。东京大都而立单级者，以资师范生研究单级之法。其制甚简，校长伊泽修二，尝司教育于台湾，曰中国初立学，利用单级之制也。每金曜日，即西人礼拜日。教员开恳谈会一次，以讨论教授之事。五洲之学，日进不已，改良之意须臾不可忘也。师范生有运动会，其目曰：柔道、击剑、击枪、弓技、器械、体操。又以时习吸水、槽滑、远足之事，责于师者尤备。师范学校之右，有孔子庙，德川光国所立。明末，舜水朱之瑜携大圣及四配之象东渡，因抚而象之。殿门三重，奉祀甚谨。又于师范学校之侧，附属教育博物馆，为教员研究教育用

附属中学校与单级小学

孔子庙

25,10,7

品之地。分小学用品、中学用品二部，其品分学校建筑、学校备品、教员用具、生徒成绩、学校统计规则五端，又分图与具二端，图具又分内国、外国二端。学校日增，用品日众，往时率购自西洋而昂，近者日人自求贱料。造为学科适用之品甚多，至于经营教育用品，则其教育之完备，可以见矣。

出席菊花会

初七日，晴。宫内省柬约赴菊花会。日本例以十月，日皇亲临此会，招各国之官与知名之士赴会，尽外交之道也。巳正，至使署，从公使同至赤坂离宫。乃太子肄业所，周十馀里，亭榭林木，雅洁异常，帝后尝避暑其中。种菊万本，有一本而花三四百朵者，亦奇观也。晤伊藤侯，询督宪起居甚挚。又晤桦山文臣大部、大山参谋总长、桂陆军大臣，立谈良久。申初，帝后驾至，列班恭迎。憩须臾，侍从官引见外国诸臣。鸿臣与李星使同觐帝后，皆立。先问公使，中国菊花何如，今年年岁何如。再问鸿臣几时到此，学制何如，何时回国。谨具词以对，使署译官代奏。进退皆鞠躬，于后亦然。公使则握手为礼。觐见已，乐作，具酒食，如天长节之宴。食已，驾还，列班而送。预是会者，内外国二千馀人，中国至者十五人也。

觐见帝后

参观印刷局

初八日，晴。往观印刷局，局长得能通昌。此局为国家印造纸币、邮便、税券之用，又为商人代印钞券之类，而稍昂其值，以其费为局费犹有馀者，岁终以归大藏，至便至利之计也。统于内务省，一国金银券皆出于此。故设守警，稽查出入甚严。工者必具誓书，不得为人赝造。印刷分四科：曰雕刻科、雕刻铜模。印刷科、调查科、印刷已，检查光泽否。整理科。检查已，整理其券而分送之。次序相因，一科之中，有先后之别。大抵成一纸券，几费百转，防赝乱真，故不惮烦也。局用男女工约七百馀人。现造日本银行、台湾银行银币及邮便、税券。邮便、税券日成百万纸，然其岁用七亿万，日造百万，犹不暇也。监工之人皆通印刷学，工乃不敢惰窳。附设诊查所，凡工之伤于机器及病者，皆诊之。凡机器处与工多处，皆特立诊所。又附立官报局，凡官之文告、公牍皆印于此。有至速机一具，一小时可得三万纸。公用文多，局既画一，而以代人印刷之费为局用。又有印泥局，以印刷之用泥多，故造之本局，以保其利，日本全国通用。一圆以上皆以币，既以便人，而国储其款于银行，必有一千万之款存储，乃能造一千万之券。孳其息以供它用，实无利于此者。泰西诸国，今皆此例也。现在湖北，于此局定造银圆钱一千，纸币二百万张，工资四万四千元。必有官立银行，而后乃能信用。官发之纸币，又势之相因者也。

监工皆通印刷学

参观东京工业学校

又视东京工业学校。官立者，东京、大阪二处，私立则多，专究工艺之事。泰西各国，近今皆以工业相争竞，故日本亦汲汲广劝，府县多立工学，以国助之。此学岁费八万圆，又此五年别助建筑、购机之费四十万圆，犹且扩之不已。自明治十四年经始，至今学成，而各司公私各机器制造所者，已七百人。学之中，区三科：曰本科，曰教

25,10,8

员养成所，曰附属徒弟学校。本科之科五：曰染织工科、曰窑业科、曰应用化学科、曰机械工科、曰电气工科。五者专科，而别有普通学科，为工之不可少者，则数化、格物、英语、体操、分晰、图画，凡关工业之经济、卫生、簿记、建筑之属者，专科之外，必兼习之。习之之道，先听讲记，讲者之言，退而实验，三年毕业。生徒三百十七人，一人岁纳费百六十五圆。皆寻常中学校毕业之人，无学不可以言工也。教员养成所、养成徒弟学校及工业补习学校教员，其学浅于工业学校，三年毕业。又于中分速成科，以一二年毕业。以待年岁较长之人。养成所之学，分金工、木工、染织、窑业、应用化学、工艺、图案诸科，学者七十七人。速成科之学，分金工、木工、染织、陶漆诸科，学者十九人，亦分讲习、实验二者。徒弟学校，即为养成教员实验教育之地，取毕业寻常小学之人入学，三年毕业，而自食其力。又别立补习科为夜课，以待日间无暇之人，所以教民力工、养生之法至矣。工业学校，亦列外国常用嗜好物品，而以中国物品为多。日之工商，固将尽其全力，以注意于中国也。

无学不可以言工

初九日，晴。往观东京商业学校。商学之立，盖以泰西商战之烈，较兵战尤有把握，故立此学以相抵制。皆于平日讲求内外诸种商业，以储办理商务之才，及各商学校之教员。学者取自寻常小学校、中学校毕业诸生，考选其质敏者，先习预科一年，后习本科二年，得卒业凭者，而后可为农商务省之官，及会社银行执事。其预科功课为：

参观东京商业学校

商业道德、必言忠信、行笃敬，而后众情悦服，犹圣门德行科也。体操、书法、作文、算学、簿记、应用物理、化学、外国语言清、韩、英、法、俄、西、意、德八国之一。诸学。其本科功课为：商业文、商业算术、簿记、机器、工学、商品、商工地理、商工历史、度支学、经济学、统计学、财政学、民法、商法、国际法、商业学、兵操、商业实践诸学。实践为第一要义，盖商业皆证于事，未尝践习则临事或戾。实践之法，分两室：外室列邮便、电信、铁路、邮船、银行、海关、收税、仓库、保险、小卖诸门，内室分各国通商大埠，列银行、支店、保险、买卖诸门，皆列阛阓，并诸应用、簿记、券符之具，若真交易者。内室用外国文，外室用本国文，学者常更番于内外室以习之。其学之次序，先究内国公司、银行、海关、收税、买卖，以求保利，乃究外国银行、轮船、保险、会社买卖以求争利，而后究邮便、电信以通其隔绝，而终究内国销卖外品之法，亦以保商之利，而陈列诸国之商品，以备学生考究各国嗜好之用。又为表，列进出货物之多少，俾晓然于本国之商业消长、运道之纡直、销路之通滞。又习兵操，以保行旅不虞。所以育德储材，而启发其智能者，无微不至矣。日本今日之商，惟注意中国，而其所需于中国者，则仅米、糖、漆三宗。然则中国亦不可不设法教商，以相抵制也。

实践之法分内外室

参观外国语言学校

午后，往观外国语言学校。前年方立，学习中国、朝鲜、英、俄、德、法、西班牙、意大利八国之语。中国、朝鲜、俄罗斯教习，皆聘三国之人。学生三年毕业，有专

25,10,10

修一国者，有兼习三国者。经始未久，规模粗备，将益扩之，举五洲所有之语言，皆令肄习。不通语言文字，不可以行远方，外交方繁，此学不可不务也。

初十日，雨。恭逢皇太后万寿。质明，谨诣使馆，北向朝贺，出使例也。午后，拜外务一等书记官楢原陈政，将从新简公使西德次郎往北京，为参赞也。又谒西乡内务大臣，名从道，为楢原君外舅，维新第一杰人西乡隆盛之弟也。老成硕望，犹可想像。楢原君，沈丹曾观察旧交于福建，出妻子相见，甚欢。夜，招饮于李星使署。次日复招饮，辞之。

维新第一杰

十一日，晴。往观士官学校。生徒操演方归，又当毕业，课无可观者，仅观战术兵棋一端而已。兵棋之法，以诸生分两军，作主客。主军止它室，教习列内国之图教。客军各以己意，思攻击进退之法，然后退而进主军，诸生使思抵御之法。客蓝旗，主红旗。就所思者，分布于图，教习为设问以难之，无异真战者。校长少将高木作藏为言学校大旨，盖为日本武官出身之地。其制分三等：曰将官、曰佐官、曰尉官。三大等中，亦分三等：曰大将、中将、少将、大佐、中佐、少佐、大尉、中尉、少尉。其大将、中将、少将，如中国之提镇；大佐、中佐、少佐，如中国之副、参、游；大尉、中尉、少尉，如中国之都守尉官，又名曰士官，能得士官者，如中国之成进士。等而下之，曰下士官，如中国之千、把外额。旧制，每岁由中央幼年学校毕业选入者，约二百五十人，而士官学校现需岁入六百馀人，于是不得不兼取成城学校及中学校优等之人以充选，特自中央幼年学校入者，其先入兵队

参观士官学校

学习只需半年，即可入士官学校；而自成城学校及中学校入者，其先入兵队学习，必得满一年，而后方入士官学校，以其学有浅深，故补习亦分久暂。其在兵队学习也，统名曰士官。候补生所作，皆兵丁与下士官之事，如行军、领队各项执事，与中国什长队目红蓝大旗相似，为军中杂役所不可少者。自此遂分学步队、马队、炮工队、锱重队，学虽独精一门，然必兼通各术。现在学生六百七十人，分为四中队，每中队一队二班一教习，皆佐尉官任之。学生之寝食举动，皆特立人员检查之，严整过于兵队之制。以战术学、营垒学、军器学、地形学、卫生学、乘马学、体操学及外国语言文字为急。而前此所习舆图、历史、算学、画图、格物、化学诸科，自寻常小学校，以迄中央幼年学校毕业以后，至此已阅十三四年，所学已深，根柢已厚，陆军中已足备用，故概从简略，俾得专心于兵学。在学约及一年半，复入兵队一年，曰现习士官，择其果堪胜士官之任者，乃补入士官。此所谓武官出身之地，故又名补充学校。中国留学生于成城学校一年半，而入联队半年，而入士官学校一年而归。此特欲其速成，未必能得其精义也。

独精一门兼通各术

十二日，晴。以参谋部之意，电禀督宪。未初，发火车，三时半至枥木县，在东京之北，近卫师团一军大演操于此，日皇次日亲阅驻跸，侍从文武、外邦之臣，军医、兽医、赤十字社、报馆之人，皆止于是。参谋部先为预备旅馆，别遣警察防卫于门。夜二鼓，本军司令部以号

观近卫师团操演

25,10,12

令来，别纸译之。今年为一军常年大操，大旨以一师团军分为南北二军，南军冠白缘，北军冠红缘为记。北军作俄兵，北来寇东京；南军为主兵，自东京来御之。南北军皆立本队、枝队。其进兵先后，则先独立骑兵，任谍间，遇敌之谍间则战。次前卫兵，次步兵。本队，次炮兵、工兵，次步兵大队，次行李兵、炊爨之兵。次辎重兵，在最后。操演之时，兵皆裹六七日粮而行。两军之队长，各运其方略，以上于司令部，而号令于其部，秘密不可闻。南军队长少将伊濑知好成，北军队长中将长谷川好道，司令本部则野津大将主之，而与陆军桂大臣皆任审判官者也。 南北二军

十三日，晴。为骑兵交战之日。质明，与井大尉骑马，偕行数十里，至佐野。见南、北两军皆伏于林谷之间，探马四出以搜。伏兵皆怀远镜，执地图以行。南军在西山林中放枪，北军则自东山出大队攻之；南军乃出奇兵抄北军之后，北军四顾，则南之正兵亦至于是。地方土人、报馆记者皆大呼，而马队之胜负决矣。骑兵往来无常，相遇不定，骑而从之，不下百里，其仓皇激烈奔命之状，则不知为演也。申正，明治帝驾临，驰回枥木，则驾初过，勒马立迎，随赴小学校行在请安而反。 骑兵交战

十四日，晴。是日为步兵支队相击之日，质明，骑马行七八里，赴岩舟一带，观两军之进退。巳刻，明治帝自行在乘汽辇，至岩舟易马行里许，至小野寺，关川两地之间，择阜驻跸。鸿臣与外国武官先至，驾临，趋前鞠躬为礼。帝亦答礼，赐问数语。侍从者备御椅一，帝则立而 步兵相击

观，操远镜、地图以证。南北军各据一山，相遇炮击，声动山岳。一时许，而北军稍却，胜负遂决。驾还，先乘马至岩舟山麓，与大臣席地。散膳已，驾汽车反。鸿臣等恭送，亦反。是日观者如堵，一以爱君，重帝驾之临；一以讲武，重兵操之事，皆足见其民气者也。

十五日，晴。是日，两军大队合战之日。辰，骑马行十许里，至壬生渡桥。南军军桥南，北军军桥北，鸿臣止桥北之广原。北军长谷川队长在焉。骑兵谍者踵至，以报南军来攻之状。未几，报者亟，炮声发，疾北行半里，趋近御座，则两军攻击方厉，北军中界以路，右炮左步，先炮后枪。南军忽分其重兵，涉河袭北军左翼。北军觉之，疾移炮队于左，又亟调屯于壬生町之大队至左，以护之。南军涉者方半，北援卒至，发枪如连珠，是为大冲突。又十五分，时北军驰据高阡，南军卑地形绌，而胜败决，止军之号令作矣。当北军觉察南军涉河之时，左翼队长飞骑汗喘，以报于右。右之炮兵方发炮，急卸炮齐队，有不及齐者，卒负之以趋，若救死不及者，不知其为演试也。收兵，讫于广原，张御幕，日皇亲莅，立而集两军之将校，论其是非，奖其已得，策其未尽，而以时局之危、修武之不可缓诏之。约一小时，然后南北军合一行，观兵礼如天长节式，以兵之满三年者，当退为预备也。礼讫，驾反。是日，陪观者英二人，俄、美、德、奥各一，中国则四川派遣之人。福建阅操者，赴东京之东，观第一师团合操，是日未至。统观演操之状，骑兵之相谍、相搜、相避，步

近卫师团南北两军合战演习

25,10,16

兵之未战徐行、当战疾奔，工兵、辎重、军医各队及随带物之繁重，与夫方略之运用，攻击之猛烈，两军之相仇，虽真敌无以过之。盖其平日所以作军气，而备军用者，无不至也。

十六日，晴。驾还东京，诣车栈恭送。午初，亦发。四时至东京，接奉督宪咸电，教习缓聘，当即婉达参谋本部。而数日阅操旅费，鸿臣与沈丹曾观察二人皆参谋部预备，却之不可，至为不安。

十七日，晴。日曜，休息。闻法人广州湾之事，心皇皇。

十八日，晴。往观东京第一高等学校。通国凡六所，一东京，一仙台，一西京，一金泽，一熊本，一山口。初为大学入门，后改高等中学校，再定高等学校，皆为预备大学校之用。其学科如寻常中学校，而加精深。亦分文、法、理、农、工、医六科，于普通之中，寓专门之意。三年毕业，就其所修专门，以入大学校。其不入大学校者，如法科，即出而为判师、律师；工科，即出而为官民各厂二等技师；医科，即出而自作医士。规模大于寻常中学校，学者七百五十人，岁费约十二万元。观学生之兵操，亦立南、北军之战法，诸学兵操以此为最。中国留学士四人于此。午后，往观东京大学校。规模宏敞，室宇庄严。凡分文、法、理、农、工、医六大科学，立总长，职视文部大臣；科立科长，如校长，皆有特别之所。文、法二科无可观览，故先至工科。工科之中，又分建筑、土木、兵

参观东京第一高等学校

参观东京大学校

器、造船、机器、采矿、冶金七小科，科有讲堂、列品室、如建筑，则列各种购造之式、分合之式、器具之式，本国、外国皆备。制图室、先画图，后制器。实验室、图书室。凡学于大学校，三年得卒业凭者，名曰学士，视中国之进士。由学士再入大学院，大学院，无专署，即附于大学校中。又三年得卒业凭者，是名博士，如中国之翰林，为其国学校出身之至荣者。历观各种学校，实与三代时立法，遥遥千古，暗相符合。自秦始皇焚书坑儒以后，中国失其传授遗制，流于海邦，犹有存者。迨至今日，西欧、东亚扩而充之，遂成绝学。所谓礼失而求诸野，不信然欤！

十九日，晴。为士官学生卒业之日，向例日皇亲临，授与证书。偶值违和，因派小松宫亲王恭代。井大尉约鸿臣等，先往候王至，先于校中练场，行观兵式，如天长节礼。观兵已，王退至讲堂。合优等生，卒业七百五十人，优等八人，内侯爵一人。令一人讲其所学，王与诸陆军官坐而听之。讲毕，王复出校，行授证礼。王中立，诸陆军官陪立，诸生区分中队而列。校长朝服，捧证书。队长敬趋至前，受证书，退而予诸生。优等生以次进，受褒赏。受证已，王又至骑兵操场，视骑兵学生走阵搴旗诸法。毕，具酒果。饮已，王还。于时诸生之亲属皆至，庆幸作贺，如中国之高掇巍科者。而重以御临，则鼓舞将材之意深矣。小松亲王现任陆军，温恭和蔼，垂询甚殷。

士官学校毕业典礼

参观理科大学

二十日，晴。往观理科大学，即大学校六科之一，中分九小科，凡天文、地质、算学、格物、化学、动物、植

25,10,20

物、人类、地震之学属之。各科之中，皆有讲室、列品室、实验室，如工科，列品之繁，不能遍纪。地质、动物，列品尤多，凡火山之形质、地质之结构、介族化羽毛、羽毛化人之理，皆有证明之物。地震一学，惟日本所独有，以其国常患地震，故汲汲讲求其学，造表以测其动之轻重，又讲求构造屋舍之法，以为防御。此则专门名家，而日人之精其业者，亦寥寥也。

午后，观医科大学，大抵如前所观军医学校暨卫戍病院之制。而此多一人身全体标本室，上下二楼，胥立死者之骨，或半身，或一首，一腰脊，一手足，一肺肝，皆解剖之，复以酒浸之，资考验者也。又有解剖室，横列新死之人十数躯，覆以白布，鲜血淋漓，目不忍睹，又一室，陈二尸，二医者方解剖，一割腿，一割胫，从容不迫，若无事者然。附属医院，规模如赤十字病社，而解剖之室尤精。四壁皆饰玻璃，光明无纤垢。凡疾当解剖，医者先浴，去其不洁，然后著白衣，闭门而治疾。病者亲属、医院之人，皆不得入。解剖危事，故慎重如此。日本医学校、医院甚夥，解剖一科则大学所独有。其人皆死者之家，自愿送其尸于大学解剖者。晤大学总长菊池大麓，款接甚殷。 参观医科大学

二十一日，晴。青木外务大臣约至其邸。谈四时。其言曰：中国受西人侵割屡矣，十九起于仇教。万教皆有是非，耶稣、天主岂宜仇者，若教民挟教自恣，治教民而已。地方有司若露轩轾民教之意，则民愈激，而事愈多 晤青木外务大臣

矣。若夫开风气之事，则闻不如见，下不如上，宜由京邸派遣亲王大臣，出游各国，归而以所见闻行之于政，其力大，政乃易举也。兴学、练兵皆当务之急，而兴学之效缓，不如以全力倾注于兵。比者俄以旅顺、大连开为欧罗巴通商马头，而亚细亚不与，此东方之大耻，不可不力争。若中国不强，日本不能独竞。故凡中国有需于日本者，无不竭诚尽力以图之也。又述钦慕督宪之意，且云：将派明白之员，常驻四川，以备谘询。晚，与沈观察会禀视学大概及内渡日期。

参观邮便电信学校

二十二日，晴。往观邮便电信学校。专究邮便电信之学，学生百八十馀人，学限二年，卒业分任各邮便、电信局之事。其学分三科：曰技术，曰行政，曰通信。技术以穷理，行政以办事，通信以实用，而有电信实践室，如电局之制，楼上下互相通电，学生以时实验于此，凡电话，有字电、无字电、海电，皆具。别有标品室，储各种电机，以资研究。邮便则多行政之法，无可实视者。二者皆朝野一日不能或缺之物，然不教育其才，则事立而法弊，终无以善其后也。

参观华族学习院

午后，往观华族学习院。初为教育皇族华族之子弟而立，后又兼许士民之子弟入学，惟华族不纳费而已。院中，自小学、中学、高等学、大学诸级皆备。华族子弟不得不入学，有愿入它学者，必先请于内务大臣许可，而后自便。华族为国之腹心，民之耳目，转移风气必自上始，故督责亦甚严。视其小学、中学二科，一如民间学之程

25,10,22

度。小学习字，中亲王一人，每放学，皆负革囊以行。中学则体操、兵操、骑马甚重，使之习劳，而祛其华贵骄佚之习。张芗帅文孙、刚孙在此中学校，于时亦负皮囊、习兵操初级也。大学则重外交之事，以华族为国表望多，以之出使，则不可不究其学。学生大小七百馀人，岁费十馀万。规模宏大，前年惜毁于火。别有华族女学，校制亦如此。午后，李星使召饮于使馆。

二十三日，晴。往观警察监狱学校。九月始立，为培植警察、监狱人员之地。学生分二种：一自警察、监狱署，择其吏员之良而遣之来者，半年毕业；一则中学校卒业，志愿二事而检查中格者，一年毕业。二种凡二百六十人。其学之程度，警察课警察法，监狱课监狱法，而宪法、民法、刑法、诉讼法、卫生学、实务演习、体操、兵操，则二者之所兼课。在学者官与之费，月十元，岁费约四万元。遣来者，本管署资之。其第一种生徒，皆常为官者，亦循循听讲，如子弟然。警察、监狱，系于民命至重，故教之勤也。 参观警察监狱学校

午后，赴天狗烟草厂。东京第一烟厂，岁交易五百万，役工五万。主人岩谷君，尝为武官，以兵故烬其家，乃业烟草，致巨富。日本初亦购烟草于外国，近且输出外国，富贵何常之有？亦在人之自力而已。是夜，富士制纸会社社长村田一郎召，视精养轩，以汽力制纸，佣工千二百人，纸厂之大者，其意将通商于四川，故致其款曲之谊。 参观烟草厂、造纸厂

二十四日，阴。日曜，即礼拜日。休息。是日为日本商业会开始之日，自农商务大臣、东京知府、其它巨商大贾，皆至。来柬约观，鸿臣以治装辞，而使幕友代往。闻会者千人，会馆宏大，规制如议院，便于群商会议，以企商业之进步，用心甚至。晚，赴黎仲苐参赞之约，饮于使署。

参观盲哑学校

二十五日，晴。往观盲哑学校。通国皆有之，此则岸田吟香八君子所立，岁以七万金生息所入，与国助二千金，养盲六十、哑二百有八。教盲之术，为左行不平以纸凿孔之字，使之摩其不平，而知其字；摩其断续，而知其义。教之学科：历史、地图、亦不平之图，甚精。算术、弹琴、唱歌、按摩之学，皆教之。教哑之术，以口之开合作四十九式，如日本字母之数，哑者视教者口之开合，而知其字，视其断续而知其义，以明镜使其自验其用口之理。教之学：雕刻、杂嵌、图画、裁缝，皆教之。哑之学，三年。盲五年。盲心灵可以及中学之程度，哑及小学则弥满矣。教习甚勄。皆专门习盲哑教术者。其教科之旨，皆以足养其生为主。工品之制造者，又时售之，半给本生，半助学费，可谓仁至义尽。

晤高平小五郎

日晡，赴外务次官高平小五郎之召于红叶馆，同席蜀、闽之官及使馆参赞翻译。高平次官离席，就客位，洗盏奉酒以前，至隆之礼。鸿臣等依式回敬。席散将行，执手言曰：甚愿诸公以日本视察之状，归告长官，速练一省之兵，奏达于朝，行之天下，数年之后，腾美报章，使五

25,10,26

洲之人想望东方，非徒中国之福，抑亦日本之庆。反是，则二三年中，患有不可胜言者。其言盖甚激也。以上盲哑学校各亲王同立。

参观农科大学校

二十六日，晴。往观农科大学校。农之试验，必广场，故于东京市外辟地为之。其学科为农学、农艺、化学、林学、兽医学。农学科备养虫室、即害木华之虫，而考其性质。养蚕室，如暖室，究养蚕之术。备畜舍，养六畜以考其卵、胎繁杀之术。备农具场。机器、犁获之类，以教学者知其用而已，日本地小，以人力耕可也。农艺化学科，则讲分晰燃烧、淘汰土之原质，以求肥料相当之用。林学科，备内国森林之品五百种，与寒暖带关系森木之图。别辟广圃，树本邦、外邦诸种类之木，以便学者之考证。又有实验圃，则学者手植，以观其长成，而知林之性。而别有樟脑木精制造场，以通于林之用。兽医科，则一切如人。医兽之用，比于人，则保救之法亦备至。林与兽，皆农之所需，故属于农科。学者二百人。日本农学校，以札幌者为最，大于东京大学。其他公私所立，所在而有，生人不可缺之物，故讲求亦不遗馀力。晚，赴福岛大佐之约。言俄图中国之急，非可从容镇静以待也。欲求救急之法，外则遣武弁与文学生游学于日本，内则延日本武官、文学士为教习。而分正、变二法，正法则多立小学、中学，以收循序渐进之效；变法则兼程并进，求至简至捷之法，苟适于用，不必精深。二者并营，则三年可得救急之才，十年可收兼备之士。福岛君虑中国之事至久，故所规画皆合于事势。促膝深谈，交有

福岛大佐言中国救急之法

缱绻之意。

二十七日，晴。火车一时半至横滨，游其市廛。中人之商于此者，可四千人。商业大于神户，而规模较小。又拜领事邹小村大令。

桂大臣言中国

二十八日，晴。商议宴客之事。参谋大山总长赠古刀一具，世界大图、支那全图各一分。晚，赴陆军桂大臣之约，饮于其邸，同座湖北学生监督钱念劬太守，及福岛大佐、宫岛大八。桂大臣言其倾慕督宪及岘帅、芗帅甚至，而惜无暇可游中国。而劝鸿臣等回川，速禀督宪，筹练兵之事，勿谓一省之力弱，一唱而百和，则全局转矣。忆日本三十年前之气象，而竟有今日者，亦二三豪杰肯为之倡。以中国地大物博，但能发愤为雄，则自强之效不难立睹也。又云：将送三十年式新枪二具，一上督宪，一赠鸿臣，俟井大尉来蜀，使之携上。意至殷拳。鸿臣亦称督宪规画辛苦之意谢之。

辞行、宴请日本诸大臣

二十九日，晴。赴各大臣邸辞行，晤大山总长、西乡大臣、景明中将，福岛、吉田两大佐，它俱未见。晚，西正，于帝国客寓宴请大山参谋总长、桦山文部大臣、高平外务次官、内田全权公使、三桥外秘书官、杉村通商局长，大生、上原、福岛、田村、吉田五大佐，柴中佐，宇都、宫明石两少佐，井户川大尉，小林译官，及使馆黎参赞、罗翻译。请者三十二人，适小松亲王是日宴客，故来者十八人而已。席用西式，亥正方散，宾主酬酢极欢。此行，日廷及政府邦人士之相待至为款洽，皆中东同心之

25,10,30

切，而又倾慕督宪之久，乃克臻此。

三十日，晴。野津大将、西乡大臣、宫岛大八、西川小佐、李公使、黎参赞均来送。大迫中将送舆图一分，与桦山大臣、长谷川中将、长刚子爵俱遣人来送。整饬行李，摒挡琐务。

冬月初一日，晴。李星使遣罗翻译来，同谒伊藤侯、清浦大臣，皆适赴议院，不得见。福岛大佐及岸田吟香，皆赠图书之类。晚六时，火车发新桥。大迫中将、福岛大佐、外务省、参谋部、公使馆，来送者十馀人，车发始反，耿耿于中。此行，东邦士夫相遇极厚，即参谋部预备一切费用，每看学校兵队，皆由参谋部代具酒食，坚辞数次，不允。亦且千元，不知何以报贶也。夜，火车发。井大尉与中岛裁之必欲伴送至神户，辞之，不可。 送别

初二日，晴。巳初，抵西京，止旅馆。登东山，以览西京，景物华美，十得七八。西京为日本旧都，虽不及东京之大，而风景冠于一国。至东本愿寺，晤其方丈伯爵大谷和尚。西京有东、西本愿寺，二为日本第一大庙，皆雄于资，初合为一，德川氏虑其势大而分之，各于庙立小学、中学、大学，以教诸僧。僧亦可以服官，而于中国上海、广东、福建、杭州，分遣僧众，建学于彼。其庙之制如国制，僧皆有室，茹荤酒。其先，大谷亲鸾所立净土真宗之派，方丈皆世袭。顷将广立学于中国，故颇优礼中官，具赠本寺图谱及诗集，其意良厚。 至西京参观东本愿寺

初三日，晴。子爵品川弥次郎，约视所创川岛织造会 参观川岛织造会社

社，专仿各国新奇嗜好之物织之，输出外国，数得各国博览会之褒赏。别有组织陈列场，列古今内外组织之式，凡五万种，有埃及二千年之古锦，织造之观止矣。又至它绣店，一观西京绣磁，皆著名于日本者。日人言，东京之人务官，西京之人务文学、工艺，大阪、横滨通商之口务商，而一国皆知务于兵，其然哉！又至西本愿寺，如东本愿寺，其方丈游欧美未还。中有中国学生二人，乃大谷方丈去年游湖北，阅自强学堂，选其东文之善者二人，留学本寺，为备一切之用，明年将送之入东京官立学堂，相待甚渥。二生亦颇负气概也。寺僧送图谱诗集，乃西寺之掌故也。

西本愿寺

初四日，晴。九时发，本愿寺僧及学生二人送于车前。十时又半，抵大阪，止旅馆。往视炮兵工厂。东京造枪，此造炮。明治三年创始，费一千万元，工匠三千馀人，岁费四百五十万元。炮架八厂，炮身三厂，子弹四厂，锅炉熔化三厂。厂宽十三万坪，岁成二十八吨，海岸大炮六尊，攻城炮三十尊，野战、过山炮各七八十尊，小炮百馀尊。海岸炮向购自泰西，一尊辄三万元，现能自造，仅一万八千元。资于人者，不良于用，且以多费也。总长它出，代理总长大田少将言：日本今日之枪炮，可无求于外人。监督工者，皆通制炮之人也。又至大阪古城，为丰臣秀吉所筑，已四百年，为日本第一坚城。现在第四师团分屯于此。晤其副长大迫中佐，指示去年大阪合操之地，某军驻某处，以远镜窥之，大概可见。中人商于大阪

参观大阪炮兵工厂

大阪古城

25,11,5

者二三百人，生业所资，渐见繁富。

初五日，晴。往观造币局。一切如武昌之制，特其一国金银铜钱皆出于此，故规模较大，而办事章程较严。用工二百四五十人，日出二十钱金币二十万元，十钱金币十万元；五十钱银币四万元，二十钱银币三万元，十钱银币二万元；五钱铜币七千五百元，一钱铜币一千二百元。用工少，而出货多，是其立法之善。又通国皆用一律货币，无畸轻畸重之币。而限制外国货币甚严，即所以保本国之利权也。炮工、造币，皆秘密之地，先由参谋部、外务省电语照会，导鸿臣等往观，意至周密。当即申电致谢。第四师团长男爵小川次郎，与其副长遣人来送。大阪为日本内地商业最盛之区，比于汉口，而整齐过之。 参观造币局

初六日，晴。九时发大阪，一小时抵神户，憩西村旅店。井大尉置酒为别，情真意挚，桃花潭水不及其深，此行照料鸿臣等之周备，辛苦匪言可罄，惟有一言心感而已。是时，神户疫盛，医者检查甚严。午后，登西京丸，井大尉与中岛君复送于船而别。 抵神户

初七日，晴。神户造船公司松方查次郎来拜，系大藏大臣松方氏之公子也。合资数百万，以制造大小轮船、各种机器，用工二千馀人。云中国如有购船及器械之事，皆可代办。云日本造船厂，以大阪公司为最大，其馀神户、长崎、横滨皆有之。海港便于停泊，故并立船厂也。巳正，展轮，小风。寅刻，至马关。 晤松方查次郎

初八日，晴。医生、警察、海关来船检查，停泊。至

申正，展轮。寅刻，抵长崎。日本警察，全国岁费二百馀万元，皆以地方税为之。每二百户立一巡查所，每所三人一巡、一守、一立门外，昼夜循环为之。衣服有定式，别有机密，巡查则如常人之服，以刺探非常之事。其费分三等，自十五元、十二元至九元。巡查之上立警部，警部之上立警视，县立警察署，而统于东京之警视厅。分行政、司法二端，行政以保卫国民，凡有害于国民者，皆禁之；犹有犯者，则司法以治之。充其权，可以约束皇族；严其限，则无故不得入人家。常有东京之警察，昼夜操笔游行市中，一车马酒食细微之事皆记之，外国之歧于道者，则指而引导之，内足以崇夜不闭户之化，外足以致宾至如归之乐，皆警察之功。海、陆两军以御外侮，巡捕、警察以靖内乱，二者固不可偏废也。

日本警察

离长崎返国

初九日，晴。泊长崎，人不适，未上岸。午后，六时，展轮。此次，日本陆军学校之未阅者，惟陆军经理学校及陆军大学校。经理学校教以军队会计支发之事。大学则尉官之愿，深求战术者可以入学，三年卒业，不入大学，不得任参谋部员也。文部学堂之未阅者，则专门学校、伯爵大限重信私立，专教法律、政治之学，三年卒业，可以得大学生之权利。庆应义塾，为福泽谕吉一人私立，盖在维新之前，君感时变，挺然独立学堂，以究维新变政之事。维新以后，一时国家需才，皆出其中。现在学生数千百人，自小学至大学皆具，为私立学堂之最大者。又独开时事新报，亦报馆之第一。福泽君今既七十，犹矍铄也。以及公私特立之中学校、小学校，以时之甚迫也。日本今年，官公、私立学校大小二万八千四百五十三处，教习八万七千四百五十五人，学生四百十六万八

25,11,9

千七百十七人，卒业学生五十七万三千七百九十六人。其通国之男丁女口仅四千万有奇，而在学者已十分之一。故言日本之日富强，皆三十年来学堂扩张之力，所发见而在三十年前，不过二三先觉之人，拮据胼胝，营数小学，以倡天下而已。中国地大于日本二十分之十九，民多于日本十分之九，今日之不竞，不过如三十年前之日本，则奚不可为哉！

日本之富强皆学堂扩张之力

初十日，晴。风浪静息。日本现在陆军，凡十三师团，一师团万二千四百馀人，凡兵十六万有奇，而退备、后备之兵，战时听遣者，尚不在此。海军三镇，大小兵轮四十三艘，兵不及二万，陆军盛矣。海军不及英国六分之一，然其全力可注太平洋。言东方之局，日本兢兢联中国以免其危，此其逊下之词，实则日本今日之强，可以独立于东方。又采其朝野之论，日之恨俄张威于中国，而侮东方，妇人孺子皆思与之一角。二三年内，日俄之战祸万不可免，其所以汲汲劝中国练兵自强者，盖以唇亡齿寒，理所必然，势所必至也。

论日俄必有一战

十一日，晴。正午，抵上海。往返凡七十五日。日本总领事小田切使人来候。

十二日，晴。拜小田切领事，谢其政府优待之笃。渠亦属归蜀代候督宪，致其拳拳。

二十四日，晴。附吉和轮船上驶。

十二月初一日，抵汉口。

抵汉口

初三日，过江谒张芗帅，询东洋事甚悉，亟称其兵

张之洞谈出洋学习

制、学校之善。湖北业已选派学生出洋学习，特以经费不足，不能大有展布，为可惜耳。并劝归陈乐帅，务必选聪强子弟出洋学习，以开四川风气，虽收效稍缓，然蓄艾之谋，不可不急讲也。鸿臣唯唯。坐谈良久，方兴辞。

初五日，附快利轮船，十三日抵宜昌。

十四日，雇小船溯江西上。

十六日，至新滩，遇王爵帅泊舟于此。晋谒之下，备蒙慰劳。比将日本兵制、学校及阅操情形，大略陈明。索日记，对以尚未誊好，容候另寄。

二十四日，舟抵万县，雨雪正大，遂在万县度岁。

返抵成都

光绪二十六年正月初二日，自万县起程晋省，十六日抵成都省城。

附　上四川总督奎乐帅禀

窃鸿臣猥以庸愚，渥承恩遇，委以游历东瀛，考察其学校、军政，纪载回华，以广闻见。受命之后，夙夜警惕，深恐陨越，贻诮邻邦。既至彼都，凡观其政治，接其士夫，恒惴惴焉，沈潜反复，以求略通其循致富强之由，与其交际中国之诚伪。两月以来，阅视海陆两军之操演，暨文学、工商、农医、制造之规制，旁及其公卿、士大夫、工商之议论，其可纪载者，既已逐日择记，恭呈宪览，而综合以观其国之情，又内以度吾华今日之势，实有可亲、可畏、可法而难于尽法者，谨为宪台缕晰陈之。

观其政治接其士夫以求其富强之由

慨自甲午一役之后，情见势绌，□□藐□□□无自主之权。于是以洞辟重扃之计，变而为划分方罫之谋。夫日本诚可谓崛起有为矣，然其地才足当中国十六分之一，其人才足当中国十分之一，地褊而人寡，虽充其崛起之势，而进不能有所兼并者，亦退不足以图自存。中国为其近邻，与彼有唇齿辅车之势，中立则日存，中危则日亦不能独安。甲午之役，日本虽获战胜之名，而使中国材力重困，则其关系于日本者亦巨。故其朝野有识之人太息，而悔甲午之祸者，不惟见于文章、辞色已也。自戊戌以后，分遣其外务参谋诸部之明达者，以来京都及东南各行省，敦信修睦，游说当轴，表其乐助悔祸之诚者，不啻项背之相望。即鸿臣奉命游历彼都，觐见其国皇，以至官绅士商，其所以相待有加礼者，非仅虚文相饰也。诚欲输其悃忱，借箸前筹，意谓□□，苟能力图自强，彼虽胼胝手足，而有所不辞，群□□忌而有所不避。察其意，若惟恐□□信之不深，不能尽副其望者。盖利害存亡之相与共，其势有不能膜视者在也。诚能因其势而利导之，必费约而效博，事半而功倍，较之倚恃不可测之□□，固万万也。曩者英法相亲以拒俄，俄德相亲以制法，德奥相亲以主欧东之政。彼其先，皆仇敌也，一旦释怨修好，全局为之转移。前事之得，后事之师也。所谓可亲者此也。而何以又谓其可畏也？夫彼之所以助我，以□危则彼不能独安，我用其助，而能相与以图安，则彼心既慰，虽竭其忠，尽其欢可也。否则，彼既不能离我以独存，势不能不谋我以自私。□□能力图自强，则划分方罫之祸，可以幸免；若犹未也，则扶桑虬髯，将不免逞渠邱之怠，思染子公之指矣。且甲午之役□□□□□□□□□□□□□□□□□□□□□虽妇人孺子，一言及□，莫不眦裂发张，若不共戴天者。观其上下卧薪尝胆，二三年后日俄之必以兵戎相见

相待加礼非仅虚文

可亲可畏之所在

者，势也。以言乎师之节制，则俄不如日，以言乎人之众多，则日不如俄；以言敌□，则胜负之数不可常恃，得中国自强之力，以保其辅车之依，则可立于不败之地。故今日日本尤愿助中国以练兵。其言曰：救中国之急者，莫先于兵将，尽三年力以□□之法练□□之兵，至与俄决裂时，欲收中国一臂之助也。然是无损也。中国诚能以三年之力练兵，日俄战起，吾兵果强，则助日可，助俄亦可，即中立而守局外之约，亦无不可。否则，无论日俄之孰胜孰负，其先必以中国为战场，其后必以中国为鱼肉，此事之所当预虑也。不特此也，日既不能以独力御俄，则未战之先，不能不筹一回旋之地，以为自固之谋，□□□□，殷鉴不远。此事之尤当预虑也。逆料其事，不出三年。所谓可畏者，此也。

日人议论中日俄三方之关系

至其政治之能御外侮，而强大不敢犯者，海陆两军也。能靖内乱，而夜不闭户者，巡捕、警察也。能使妇孺无不识字之人，充其智能，而皆知忠君爱国者，公私学校也。能使一国之人必趋于学校者，选举之公也。能使五洲之变迁，日系于国人心目中者，报也。使征调、运输无迁延之患，民物货财无淹滞之苦者，铁路也。使一国消息，若臂指之相使者，邮便、电信、德律风也。使外产不能输入，以夺本国之利者，工商制造也。使内产竞进于精美，而畅

日本富强之各方面

销于外邦者，工商学校，与夫保护激励之条例也。使一国货币，无轻重低昂之患者，行银元也。使货币胥总于官，而民无匮乏重累之虞者，行钞票也。使钞票之足信于民，而畅行无阻者，银行也。其他善政，纲举目张，洪纤悉具，未易枚举。而其循致富强，使民增益其智力，以安其身家，而谨守其教化者，实不越此数大端。中国苟求富强，则不可不法者，此也。然亦有难于尽法者，今试执□□以比例。日本有久暂，有名实，有本末，有大小之别。日本之强，极于今日，而不始于今日。盖积朝野上下三十年苦心经营，而后有此一日也。夫民之服教从化，必有循序渐进之功，而不可以骤□□。方当草创之际，万难一规纯备之法，此久暂也。且其得力之处，则在乎立贤无方，不以资格限人，即如维新功臣、文武大僚，如小松宫亲王、伊藤侯博文、青木大臣周藏者，皆当日与□□，一同出洋肄业之生徒也。日本生徒卒业回国，能执其斧柯，而变其国俗。□□生徒归来，多仅给文武职衔，发往□军效力，湮没无闻，彼此互勘，则名实之异也。夫法必有本末相系者，不揣其本而齐其末，鲜有不偾事者。日本之兵强，操练之善也。其所以强，则在乎立志以帅气。其所以有此志气者，则由征兵于学校，无老羸愚猾之辈，有同仇敌忾之忱，皆以当兵三年，为应有报国之事。中国苟仍旧法，无论练之不善，即令善矣，及至临事，断不能与之抗衡。则学校当先于操练也。然言之甚易，行之实难。以今日中国之兵，而皆欲尽出于学校，此不啻缘木以求鱼也。

不可不法又难于尽法之缘由

又如日本之富，以行钞票为货币之本也。其钞票行，而民信不疑者，则在国立银行，以储一国货币。有若干之货币，而后造印若干之钞票，无空言，无虚券也。民知货币无歉于钞票，由是不胫而自走矣。公家乃得以所储货币为之母，而息其子，故能上下交利，而无弊实。中国徒知钞票之难行，而不知银行之足以取信于民也。此本末也。夫日本之所自歉者，地褊而人寡也。惟其褊且寡，则号令易周，指挥易集，縻费甚廉，期限甚短，而成功甚大。中国广众既殊，则凡日本行之而利便者，行于中国，则皆若凿枘之不相入，此大小之别。所谓难于尽法者也。虽然中国处今日之势，而必事事求乎安全而后行之，则终无可行之日。而今日之中国，又非复前数年之中国，犹可纡徐以待祸机之缓也。比观五洲之势，其能有维持□□之意者，□□□也。□守局外之例□，则彼急而我犹缓，其能戢诸不逞之心，而不敢为戎首者，□也，乃者□又有事于中国，其力不能东顾，故览□□之报章，参以士大夫之言论，与夫□□相制之形势，惧不数年中国将有防不胜防者。而巴蜀则居中国之上游，古所谓天府之国，四塞之地也。虽为群强之所环伺，而实足以自树立者也。夫日本既有可亲、可畏、可法而难于尽法者在，则当此力有未逮之际，因其可亲，而杜其可畏，以法其可法者，则联络日本亦实巴蜀目前最要之策也。夫关系大局之事，非鸿臣所敢言也。即关系四川一省之事，其宜兴宜革者，在

必事事求安全而行则终无可行之日

杜其可畏法其可法目前要策

宪台自有权衡，亦非鸿臣所敢参末议也。惟以仰荷知遇之深，而又略知内外情形，不敢自安缄默，谨就愚见所及，缕晰陈之，临禀不胜杞忧待命之至！伏维宪台幸垂察焉。提督丁鸿臣谨上禀。

附　覆日本驻华参赞楢原陈政书

楢原副使尊兄足下：于役扶桑，获亲丰采，快聆伟论，胜读名书。重以缱绻之情，稠叠之谊，桃花潭水，莫喻其深。赋别以来，耿耿在抱，天涯地角，我劳如何。当轺车之发轫也，蒙适有枥木之游，握手临歧，阙焉增愧。正月旋蜀，乃辱台电，远颁殷殷，垂注关怀，苔契情见乎词，感篆之私，心藏心写。鸿臣谬以诠材，猥承川督奎公之命，泛舟瀛澥，观政贵邦，自帝后以逮亲王，政府三事大夫，罔不青睐有加，优礼相待，自维下走，何以克当！又以谫陋，迫于期会，于贵邦学校、军制精意微眇，鲜有领会。第就入疆之所闻见，翻译之所指陈，以暨贤士大夫之崇论宏议，盘桓两月，粗得通其大要，未尝不叹贵邦郅治之隆，规画之善，盖卓然有三代遗意焉。所尤难及者，君臣同德，上下一心，苞桑臻磐石之安，萌隶尽忠爱之实，兴也勃焉，固其宜也。而况孳孳矻矻，日进无疆，譬

先叙情谊

再叙游日所见所慨

如为山，既已登峰造极矣，而覆篑者犹视为平地焉，是岂可以疆索限哉！吁，可畏也！已旋蜀之日，详达节楼，乐帅雅歆隆盛之轨，又感款接之诚，慨然奋兴，务欲联合两国欢好，呼将伯于东瀛，立磁基于西蜀，分命统将，更营改制，旌旗壁垒，焕然一新。仍令鸿臣督率所部，屯军汉嘉，革去旧染，一准新法教练。尚拟遴选聪强子弟，仿闽鄂章程，资遣出洋，附入学校，为蓄艾计焉。今岁之冬，为贵邦特别大操，鸿臣已陈明乐帅，届时当拣派哨官之明练者数人，前往阅操，扩其眼界，而启其心机，归以任教练之事。鸿臣不揣绵薄，亦拟私订贵邦士官教习一员匡我不逮，行否未定，俟井户川大尉来川，当与一为商决。此鸿臣近状，及乐帅新令，堪以藉告于左右者。沈丹曾观察由沪返闽，尚无来川确耗，知廑附陈。方今西风猛鸷，尘土污人，执事抱负雄伟，藐焉寡俦，凡所以赞襄贵星使，筹画保全亚东和局者，必当犁然有以慰苍生之望也。仰止高山，曷胜景企，风便尚希，时锡指南，俾资开益，毋以子阳井蛙见待也，幸甚！

再告返川之后川督部署情形

东瀛阅操日记跋

日本，一岛国耳，仿泰西法以致富强，蒸蒸云上，与欧西各大国相颉颃，非必风俗政教特异也。观其学校之设，以知兵为本。盖环顾欧洲，皆以兵立国，舍此则无以为自强之基耳。故其国民自十岁以上，即讲体操，习兵事。无论智者、愚者、强者、弱者，以及妇女、废疾、盲哑而无告者，一律俾之娴正业，熟手技，自食其力。一旦有事，可以执干戈，卫社稷，不须召募练习，而后成军。此无他，所学适所用，异乎中国之所学非所用，而遂得使国如身，营卫舒畅，无痿痹不仁之患也。然而日本之强为日甚浅，三十年前，弱甚中国。乃者经之营之，敝己之法，修人之法，不数年而暴兴。夫以日本之褊小孱羸，且能振奋若是，而我中国于制枪炮、造轮舟、通电音、修铁路，创办亦历有年矣，卒未获一收其效，其故何欤？岂真地广人稠，声教未易讫，风气未易开耶？抑徒知守法，不

学校之设知兵为本

不知用民祸烈至此

知变法，徒知愚民，不知用民之祸烈至此，诚可叹也！虽然中国凡二十一行省，人民四百兆，其材力聪明，心思血气，非日本所可同日语，假令教之有术，学之有基，一隅倡之，天下和之，将有不终安于孱剪者，矧四川为天下奥区，幅员未必狭于日，人民未必少于日，山林原隰之物产未必逊于日，果能祛我固陋，撷彼精华，不仅于整军经武，力求变通，凡有关于学业，克增我智能者，严立法程，广开私塾，为培养人材根本，使人怀自强之心，具自强之力，并于铜山铁矿之可为火器，锑砂之可为炸药，燕粪之可制牙硝者，求其术以宏其用，行之以渐，持之以恒，则我西蜀之自强，将为天下倡矣。虽有智慧，不如乘势，虽有磁基，不如待时。此正时势所迫也，安得以系诸寐者，而观成于眉睫耶！鸿臣知识简陋，何敢妄有纪述，第以奉命游历东瀛，凡耳闻目见者，不得不粗汇成编，以尽厥职，期会迫促，于彼之精诣所在，犹未免呈一漏万，阅者谅之。

耳闻目见粗汇成编

光绪二十有六年，岁在庚子，暮春之初，长沙丁鸿臣延氏跋于汉嘉军次。

丁鸿臣东瀛阅操日记

人名索引

三画

四画

五画

六画

七画

八画

九画

走向世界丛书一百种

初编三十五种以＊标出

谢清高 **海录**（附三种）
＊ 容　闳 **西学东渐记**
＊ 林　鍼 **西海纪游草**
＊ 罗　森 **日本日记**
＊ 斌　椿 **乘槎笔记**
＊ 张德彝 **航海述奇**
＊ 王　韬 **漫游随录**
＊ 志　刚 **初使泰西记**
＊ 张德彝 **再述奇**（欧美环游记）
＊ 张德彝 **三述奇**（随使法国记）
王　芝 **海客日谈**
＊ 祁兆熙 **游美洲日记**
＊ 李　圭 **环游地球新录**
＊ 郭嵩焘 **伦敦与巴黎日记**
＊ 张德彝 **四述奇**（随使英俄记）
＊ 黎庶昌 **西洋杂志**
＊ 刘锡鸿 **英轺私记**
李凤苞 **使德日记**
钱德培 **欧游随笔**
＊ 何如璋 **使东述略及杂咏**
＊ 张斯桂 **使东诗录**
黄遵宪 **日本国志**
＊ 黄遵宪 **日本杂事诗**〔广注〕
陈兰彬 **使美纪略**
＊ 曾纪泽 **出使英法俄国日记**
＊ 王　韬 **扶桑游记**
＊ 徐建寅 **欧游杂录**
谭乾初 **古巴杂记**
王之春 **谈瀛录**
＊ 李筱圃 **日本纪游**
池仲佑 **西行日记**
蔡　钧 **出洋琐记**
袁祖志 **瀛海采问纪实**
张祖翼 **伦敦竹枝词**
王以宣 **法京纪事诗**
潘飞声 **西海纪行卷**
潘飞声 **柏林竹枝词**
潘飞声 **天外归槎录**
张荫桓 **三洲日记**
邹代钧 **西征纪程**
王咏霓 **道西斋日记**
张元济 **环游谈荟**
余思诒 **楼船日记**
缪祐孙 **俄游汇编**
张德彝 **五述奇**
＊ 傅云龙 **游历日本图经馀纪**
傅云龙 **游历美加等国图经馀纪**
洪　勋 **游历闻见录**
崔国因 **出使美日秘国日记**
＊ 薛福成 **出使英法义比四国日记**
＊ 薛福成 **出使日记续刻**
陈道华 **日京竹枝词**

严　修 **东游日记**
姚鹏图 **扶桑百八吟**
凤　凌 **游馀仅志**
* 黄庆澄 **东游日记**
吴宗濂 **随轺笔记**
宋育仁 **泰西各国采风记**
王之春 **使俄草**
伍廷芳 **美国视察记**
* 蔡尔康等 **李鸿章历聘欧美记**
张德彝 **六述奇**（附 七述奇未成稿）
刘学询 **考察商务日记**
黄　璟 **考察农务日记**
罗振玉 **扶桑两月记**
罗振玉 **扶桑再游记**
丁鸿臣 **东瀛阅操日记**
沈翊清 **东游日记**
* 梁启超 **新大陆游记**
张德彝 **八述奇**
载　振 **英轺日记**
吴汝纶 **东游丛录**
双　寿 **东瀛小识**
缪荃孙 **日游汇编**
周学熙 **东游日记**
* 单士厘 **癸卯旅行记**
凌文渊 **籥盦东游日记**
张　謇 **癸卯东游日记**
蒋　煦 **西游日记**
王景禧 **日游笔记**
陈　琪 **环游日记**
* 康有为 **意大利游记**
康有为 **德意志等国游记**
康有为 **英国游记**
* 康有为 **法兰西游记**
韩国钧 **实业界之九十日**
李濬之 **东隅琐记**
盛宣怀 **愚斋东游日记**
* 戴鸿慈 **出使九国日记**
金　鼎 **随同考察政治笔记**
* 载　泽 **考察政治日记**
程　淯 **丙午日本游记**
康有为 **西班牙等国游记**
杨泰阶 **东游日记**
文　恺 **东游日记**
左湘钟 **东游日记**
吕珮芬 **东瀛参观学校记**
* 林汝耀 **苏格兰游学指南**
* 单士厘 **归潜记**
金绍城 **十八国游记**
附 艾儒略 **职方外纪**
附 南怀仁 **坤舆图说**
附 丁韪良 **西学考略**
附 艾约瑟 **西学启蒙**

图书在版编目（CIP）数据

东瀛阅操日记/丁鸿臣著．—长沙：岳麓书社，2016.12

（走向世界丛书/钟叔河主编）

ISBN 978-7-5538-0584-9

Ⅰ.①东…　Ⅱ.①丁…　Ⅲ.①军事教育—研究—日本—近代

Ⅳ.①E13

中国版本图书馆CIP数据核字（2016）第078621号

DONGYING YUECAO RIJI

东瀛阅操日记

作　　者：丁鸿臣

校 点 者：伍成泉

责任编辑：杨云辉

责任校对：舒　舍

封面设计：吴颖辉　贺红梅

岳麓书社出版发行

地址：湖南省长沙市爱民路47号

直销电话：0731—88804152　88885616

邮编：410006

岳麓书社网址：www.yueluhistory.com

2016年12月第1版第1次印刷

开本：890×1240　1/32

印张：4

字数：89千字

印数：1—3 000

ISBN 978-7-5538-0584-9

定价：25.00元

承印：长沙超峰印刷有限公司

如有印装质量问题，请与本社印务部联系

电话：0731—88884129